MW00709904

El poder creador de la Mente

Si este libro le ha interesado y desea que lo mantengamos infor-
mado de nuestras publicaciones, escríbanos indicándonos qué
temas son de su interés (Astrología, Autoayuda, Ciencias
Ocultas, Artes Marciales, Naturismo, Espiritualidad, Tradición...)
y gustosamente lo complaceremos.

Puede contactar con nosotros en
comunicación@editorialsirio.com

Título original: CREATIVE MIND
Traducido del inglés por Margarita Díaz Mora y Martha Escalona de la Vega
Diseño de portada: Editorial Sirio, S.A.

© de la presente edición

EDITORIAL SIRIO, S.A.	EDITORIAL SIRIO	ED. SIRIO ARGENTINA
C/ Panaderos, 14	Nirvana Libros S.A. de C.V.	C/ Paracas 59
29005-Málaga	Camino a Minas, 501	1275- Capital Federal
España	Bodega nº 8 , Col. Arvide	Buenos Aires
	Del.: Alvaro Obregón	(Argentina)
	México D.F., 01280	

www.editorialsirio.com
E-Mail: sirio@editorialsirio.com

I.S.B.N.: 978-84-7808-620-7
Depósito Legal: B-33.371-2009

Impreso en los talleres gráficos de Romanya/Valls
Verdaguer 1, 08786-Capellades (Barcelona)

Printed in Spain

Ernest S. Holmes

El poder creador
de la Mente

editorial irio, s.a.

El *New Thought* —Nuevo Pensamiento— es una corriente filosófica que surgió en Estados Unidos hace unos 150 años, siendo impulsada por grandes pensadores como Emerson, Trine, Allen y Atkinson entre otros. Pronto fue tomando cada vez más fuerza, mejorando la vida de muchas personas al elevar su nivel de conciencia y llegando, durante todo el siglo XX, a producir grandes escritores. No es una religión —aunque de él surgieron algunas instituciones religiosas— sino más bien una filosofía que proclama la necesidad de que la persona tenga una experiencia directa del Creador, sin intermediarios. Su mensaje central es que nuestro pensamiento da origen a nuestras experiencias y a nuestra visión del mundo, por ello concede mucha importancia a una actitud mental positiva, a la meditación y a la visualización. En la colección *New Thought* vamos a editar las obras más significativas de este movimiento filosófico-espiritual, cuya influencia en nuestros días sigue siendo enorme.

Introducción

La mano del progreso eterno quita las telarañas de los rincones del tiempo y, una vez más, revela a la raza humana los misterios del ser. Como «no hay nada nuevo bajo el sol», el faro de la Verdad ilumina sólo lo que pocos han conocido a través de las generaciones. Ha llegado el momento en que esos pocos se conviertan en muchos. Todos, desde los muy pequeños hasta los más grandes, deben conocer la Verdad para que el hombre pueda comprender las extraordinarias leyes que rigen su vida. El hombre debe aprender a controlar su propio destino, a sanar su cuerpo y a llenar de felicidad su alma. Es necesario que la ignorancia desaparezca para abrirle paso al entendimiento. El hombre ha de regirse sólo por lo que encuentre dentro de sí mismo. Se están modificando credos, doctrinas, iglesias, instituciones, organizaciones y gobiernos, para que los individuos logren su realización. Existe un poder que opera desde el interior de todos ellos, para conseguir esta transformación. Todo lo que no esté a la altura de un patrón, deberá caer por su propio peso; todo lo que esté conforme a la Verdad deberá imponerse siempre.

El tiempo está cerca; nos encontramos en la mejor época de la historia; vivimos la época de unificación de todas las personas y de todas las cosas con «El Siempre Presente». Las almas emancipadas de este planeta están construyendo en silencio «el templo no edificado por manos humanas».

Este libro pretende explicar que el alma debe descubrir por sí misma que se encuentra en el centro de un eterno poder creador que, al imponerse a través de su propio pensamiento, le devuelve glorificado todo lo que piensa. Si esta obra puede hacer que un solo individuo comprenda que la mente del universo (la única que existe) es su propia mente, que también es suyo el poder creador que existe en ella, que la manifestación de esta mente representa su propia individualidad, que el amor, el poder y la paz de esta mente se encuentran dentro de sí mismo, entonces no habrá sido escrita en vano. Este libro ayudará a simplificar y a sacar a la luz algunos de los misterios y significados más profundos de la vida.

Ernest Shurtleff Holmes,
1 de octubre, 1918

Primera parte

MENTE CREATIVA

En el principio

«En el principio, ¡Dios!» Estas palabras son claras y expresivas. En el principio, sólo existía Dios. ¡No había un universo manifiesto! ¡No existía un sistema de planetas! ¡Ninguna forma, ni vida animal o humana! Dios era el Espíritu de Todo lo que iba a existir, pero Él todavía no se movía sobre la faz de las aguas. Después, este Ser Absoluto se movió, o empezó a crear. ¿Hacia dónde se movió el Espíritu? ¿En qué se movió para crear? ¿De dónde consiguió un modelo? ¿Qué medios o qué poder empleó? ¿A través de qué elementos lo hizo? En concreto, ¿de qué está hecho el mundo, incluyéndonos a los seres humanos? ¿Cómo empezamos a existir nosotros y todo lo demás? Si estas preguntas se responden de una manera correcta, se podría resolver el problema de la existencia y así liberar al hombre. Vamos a reflexionarlo.

El Espíritu lo era todo; no había nada más que Él. Lo abarcaba todo, estaba en todas partes, era infinito. Este Espíritu Absoluto no hubiera tenido el impulso de moverse sin haber sido consciente de sí mismo. Por lo tanto, el Espíritu es el Poder que se conoce a Sí Mismo; en consecuencia, es Omnisapiente, así como Omnipresente. Al ser uno e indiviso, todo lo que sabe, lo conoce al instante. De esta manera descubrimos que el Espíritu opera a través del autoconocimiento. Se mueve, y ese movimiento interior debe ser uno de Poder Infinito, moviéndose sobre Sí mismo, ya que Él lo es todo, y con un propósito definido. Por consiguiente, el Espíritu se mueve sobre Sí Mismo, y hace surgir todo lo creado. En otras palabras, lo que vemos proviene de lo que no vemos, a través de alguna inteligencia interior que sabe que no existe otro poder. «Las cosas que se ven están hechas de las cosas que no se ven.» La única función posible de la inteligencia es el pensamiento, o «la Palabra». Por tanto, todas las cosas fueron creadas por la Palabra, y «sin la Palabra, no se hubiera creado nada de lo que existe». ¡Qué sencillo resulta el proceso de la creación cuando lo comprendemos! El Espíritu habla y, como no existe otra cosa más que el Espíritu, y Éste es Todopoderoso, sólo tiene que hablar para que se haga realidad todo lo que dice. «La Palabra era con Dios y la Palabra era Dios.»

Por consiguiente, todo se deriva y se manifiesta a partir de la Palabra. Cada vida, humana o divina, cada manifestación, es un tipo diferente de la Palabra que se convierte en expresión. Debemos analizar el importante hecho de que el Espíritu no necesita ayuda; es autoconsciente, tiene todo el poder y toda la habilidad para lograr lo que desea. Tan sólo con hablar, actúa.

Es difícil tener un concepto claro de esta gran Causa Perenne, de ese algo de donde surge todo lo que existe. Al intentar comprender el significado del Espíritu, entramos, en ocasiones, en un laberinto de confusión. Entonces debemos pensar en Él como la gran razón de lo que se encuentra detrás de todo. Ya que es omnisapiente, debe conocerse a sí mismo y todo lo que crea; de tal manera, nos conoce a nosotros y a todos los demás. Como es omnipresente, podemos tener contacto con Él en cualquier parte y nunca tendremos que ir a un lugar en particular para encontrarlo. El Espíritu sabe todo lo que pensamos, ya que es omnisapiente y actúa a través del poder de la Palabra. No podemos saber con exactitud cómo crea, ni tampoco es necesario tratar de comprenderlo, ya que, cualquiera que sea este proceso de creación, nos daremos cuenta de que siempre se trata de un proceso de pensamiento interior. Debemos tener en mente este concepto: el Espíritu crea todo lo que existe a partir de Sí Mismo. Todo cobra vida sin esfuerzo, de modo que cuando *nos* esforzamos, no somos afines con la manera en que actúa el Espíritu Creativo. Para poder actuar, el impulso del Espíritu debe surgir del deseo de expresar lo que siente, que es: Belleza, Forma, Color, Vida, Amor y Poder. Todas las cosas que encontramos en el universo manifiesto son atributos del Espíritu, y cobran vida a través de la Palabra, ya que el Espíritu desea regocijarse.

De esta manera, descubrimos que la Palabra, la cual conforma la actividad interior del pensamiento, es lo primero que aparece en el ciclo creativo, y todo lo demás emerge a partir del efecto de la Palabra que opera sobre una sustancia universal. Si la Palabra precede a todo lo demás, entonces la Palabra es lo que buscamos y, al encontrarla, habremos conseguido lo que el mundo ha buscado desde tiempo inmemorial. Si queremos experimentar en nuestra vida el poder del Espíritu, no debemos buscar cosas o efectos en el exterior, sino únicamente en la Palabra. El hombre ve y toca sólo aquello que es un efecto. La ley que no podemos ver es la que controla todo, pero también es un efecto; la Ley no se hizo a sí misma, no es inteligencia ni causalidad. Antes de que pueda haber una Ley, debe existir algo que actúe, y la Ley representa la manera de actuar; es la inteligencia. «En el principio, era la Palabra.» Esta Palabra, o la actividad del Espíritu, es la causa de la ley y la ley, en su lugar, es la causa del suceso, y éste siempre es un efecto, es decir, no se hizo a sí mismo; es un resultado. La Palabra es lo primero que aparece en el ciclo creativo. «La Palabra era con Dios y la Palabra era Dios» y la Palabra *sigue siendo* Dios.

Cuando nos demos cuenta de que el hombre es como Dios (y no podría ser de otra manera, ya que Dios es su creador), podremos comprender que su palabra también tiene poder. Si sólo existe Una Mente, se deduce que *nuestra palabra, nuestro pensamiento*, es la actividad de esa Mente Única *en nuestra conciencia*; el poder que mantiene a los planetas en su lugar es el mismo poder que fluye a través del hombre. Debemos situar la Palabra donde pertenece, ya sea la Palabra de Dios en el universo o la del hombre en lo individual; siempre es primero, antes que todo lo demás, en el principio. La verdadera secuencia es ésta: Causa, Espíritu, Inteligencia, Dios. La Palabra es la actividad de la Inteligencia, el efecto, o ese algo visible, ya se trate de un planeta o de un cacahuete. Todas las cosas están hechas de lo mismo.

Tenemos que saber cómo se debe usar la palabra, para que todos podamos darnos cuenta de que, en nuestro interior, somos centros de creación.

Un principio que puede ser probado

Hemos adquirido un principio que es absoluto al saber que la Mente existe. Un principio que es exacto y que equivaldrá a lo que pensemos de él. Antes, es necesario creer en esto: nada se puede hacer sin fe. Ésta es la razón por la que Jesús dijo: «Hágase en vosotros según vuestra fe». Este principio actúa siempre de acuerdo con la fe que tengan las personas, y existe algo que lo cumple y que nunca falla.

Debemos creer que esta Mente creativa ha creado nuestra palabra dentro de nosotros y a nuestro alrededor; por ejemplo, si deseamos crear productividad en nuestros negocios, pensemos que nuestra palabra al respecto es ley, y que existe algo que captura nuestro pensamiento y lo lleva a cabo por nosotros. Si hemos aceptado que todo es mente y que los pensamientos son cosas, descubriremos enseguida que nuestra palabra es el poder que se encuentra detrás de esas cosas, y que éstas dependen de la palabra o del pensamiento que estamos enviando. (Ver *Atraer la riqueza y el éxito con la mente creativa,* del autor.)

La mente es tan flexible, tan receptiva, que el menor pensamiento hace impacto en ella. La persona que tiene muchas clases de pensamientos recibirá en su vida una manifestación muy confusa. Si un jardinero siembra miles de semillas diferentes, obtendrá miles de plantas diferentes. Lo mismo sucede con la mente.

La palabra perdura

Ya que esto es cierto, todo depende de nuestros conceptos mentales. «Porque el hombre es en realidad lo que piensa dentro de sí.» La Biblia reitera esta frase, hablándonos muchas veces del poder creativo del pensamiento. Jesús lo explicó al decir: «Las palabras que os he dicho son espíritu y son vida».

El centurión que se acercó a Jesús reconoció el poder de su palabra. Le dijo: «Yo también soy un hombre de autoridad»; pero su autoridad pertenecía al plano físico y notó que Jesús tenía autoridad en el plano espiritual, por lo que afirmó: «Solamente di la palabra, y así se hará».

La Biblia también nos dice que la palabra no se encuentra lejos, sino en nuestra propia boca. No está aquí o allá; se halla dentro de cada alma viviente. Debemos asumir la responsabilidad de nuestra vida. Nada sucede por casualidad y todos debemos despertar para darnos cuenta de que poseemos un control absoluto sobre nuestra vida. Entonces, tendremos un concepto más amplio de Dios, una mayor tolerancia con nuestro vecino, y una mayor comprensión de su naturaleza divina. Qué alivio es saber que no es una labor extenuante; no más discordias ni luchas. «Quedáos quietos y reconoced que Yo soy Dios, y que no existe otro Dios aparte de mí.» Si el Espíritu es lo único que existe, no podemos concebir que nada pueda obstaculizar su trabajo. Cuando el Espíritu ha hablado, la Palabra se convierte en Ley, ya que se encuentra antes que la Ley; La Palabra precede a todo lo demás. Primero está la Inteligencia Absoluta, Todopoderosa, Omnipresente, Causante de Todo; después, el movimiento de la Inteligencia Absoluta sobre sí misma, a través del poder de la Palabra; luego, la Palabra se convierte en Ley, y la Ley produce las cosas y las mantiene en su lugar.

Mientras exista la Palabra, existirán las cosas y, como la Palabra es Todopoderosa, no existe nada más. «Yo Soy lo que Soy y, aparte de Mí, no hay nada.» Este «Yo Soy» es Espíritu, Dios, Todo. No existe una explicación física para nada en el universo; toda causa es Espíritu y todo efecto es espiritual. No vivimos en un mundo físico, sino en un mundo espiritual, poblado por ideas espirituales. Ahora vivimos en Espíritu.

Dios, o el Espíritu, rigen el universo por medio de maravillosas leyes mentales que determinan la voluntad y el propósito divino, operando siempre a partir de la Inteligencia. Esta Inteligencia es tan inmensa y el poder es tan grandioso que nuestra mente humana no puede siquiera imaginarlos. Todo lo que debemos hacer es aprender de qué manera opera esta Inteligencia, armonizarnos con Ella y llegar a alinearnos con el Espíritu, para que nuestra vida pueda ser controlada por la gran armonía de todas las leyes elevadas de la naturaleza.

Leyes que se han manifestado de manera imperfecta en el hombre. Esto me lleva a considerar el siguiente punto.

¿Por qué y qué es el hombre?

Podemos ver que las leyes automáticas rigen todo en el universo físico; por ejemplo, el árbol no puede decir: «No creceré», debido a la ley que lo mantiene en su lugar; crece sin tener voluntad propia. Así sucede con todo en la naturaleza; pero cuando se trata del hombre, descubrimos una nueva manifestación del Espíritu, un ser que puede decir: «Yo elijo». Sólo el hombre es individual en toda la creación; sólo el hombre es libre, y, sin embargo, sólo el hombre desea, padece enfermedades, sufre y es infeliz. «El hombre marca la tierra con ruinas»; ¿por qué? Porque todavía no ha descubierto su verdadera naturaleza. Lo único que puede liberarlo y que, en su momento lo hará, es lo que ahora lo limita. Dios no pudo haber creado a un individuo sin darle la capacidad de pensar, y no puede pensar si no atrae hacia él los resultados de su pensamiento, ya sean buenos o malos. Esto no significa que se empleen dos poderes, sino que usamos el Único Poder desde dos ángulos diferentes. Nada es bueno o malo en sí mismo; todas las cosas existen en la mente como una posibilidad; la mente actúa siempre a partir del pensamiento, y de manera constante produce sus propias imágenes, convirtiéndolas en manifestación. El hombre debe ser el resultado del deseo del Espíritu de hacer algo que exprese la misma vida que Él siente. El hombre ha sido creado para ser compañero del Infinito; pero, para poder llegar a este plano elevado del ser, ha de tener su libertad y quedarse solo para descubrir su propia naturaleza, para que devuelva amor a su Creador sólo cuando elija hacerlo. Por lo tanto, este Dios maravilloso debe esperar al umbral de la mente del hombre. «He aquí que yo estoy a la puerta y llamo»; depende de nosotros que ésta se abra. El hombre vive en una mente que lo impulsa desde todas partes, con posibilidades infinitas, con un ilimitado poder creativo. El deseo divino de amor infinito se agolpa en él y espera ser reconocido. Como es la imagen de este Poder, *su* pensamiento también debe ser la Palabra o darle vida. En el centro de este ser se encuentra todo el poder que necesitará en el camino de su expansión; toda la mente que el hombre posee representa tanto de esta Mente Infinita como él permita que fluya en su interior. A menudo pensamos en Dios como en alguien lejano y en el hombre como un ser separado del Dios Absoluto; ahora, comenzamos a ver que Dios y el hombre son uno solo, y que ese Uno simplemente está en espera de que el hombre le reconozca, que pueda surgir y ser para el hombre todo lo que desee o quiera. «Como el Padre tiene vida inherente en Sí Mismo, así también le ha dado al hijo el tener vida en sí mismo.» No podría ser de otra manera; todos estamos en la Mente y es la que siempre crea para nosotros mientras pensamos; y como somos criaturas que siempre piensan, nuestra felicidad depende de nuestro pensamiento. Vamos a reflexionar sobre la ley de nuestra vida.

La ley de nuestra vida

El Espíritu crea a través de la ley. La ley siempre es mente en acción. La mente puede actuar, si la inteligencia se pone en movimiento. En la grandiosa mente universal, el hombre es un centro de inteligencia y, cada vez que piensa, convierte la mente en acción. ¿Cuál es la actividad de la mente en relación con el pensamiento del hombre? Tiene que ser una actividad de correspondencia mental, es decir, la mente tiene que reflejar el pensamiento que se le envía. Sin importar lo maravillosa que es la Mente Universal, no tiene otra opción más que crear el pensamiento que se le confiere; si contradijera ese pensamiento, no sería una unidad, ya que significaría reconocer algo fuera de sí misma. No debe pasarse por alto este asunto sobre del tema de la Verdad. La MENTE ÚNICA sólo conoce su propia habilidad de hacer lo que le es conferido; no conoce otro poder y nunca analiza o disecciona; sólo SABE, y la razón de que las personas no comprendan este concepto es porque no han llegado a entender lo que es la mente. La gente común piensa en la mente sólo a partir de la limitación de su propio entorno. El concepto que estas personas tienen de la mente es el de su propio pensamiento, el cual es muy limitado.

Estamos rodeados por una Mente que Todo lo Ve, que Todo lo Sabe, que es Una y funciona a través de todo. La convicción de que existe la dualidad mental ha destruido casi todas las filosofías y religiones de todas las épocas, y continuará haciéndolo hasta que el mundo llegue a reconocer que sólo existe Una Mente. Cualquiera que sea el nombre que se le dé, *sólo existe Una*. Es la Única que crea para nosotros, sin importar lo que creamos. Nuestro pensamiento, que opera a través de Ella, produce todos nuestros eventos. Todos somos centros en esta Mente, *centros de actividad de pensamiento creativo*. Nada existe en el universo manifiesto que no sea un pensamiento objetivado, así se trate de un golpe en la cabeza, de una protuberancia en el pie o de un planeta. No podrían existir si no hubieran surgido de la Mente que está ahí para hacer que surja todo. Cualquier cosa que haya sido creada proviene de ella. Nada existe o puede existir, sin que haya una fuente de la que provenga.

No estamos tratando con un poder negativo y uno positivo; no son dos poderes, sino sólo uno. Un poder que no ve ni el bien ni el mal, como nosotros lo hacemos. Sólo sabe que lo es todo y, como tal, crea lo que le es conferido. Desde nuestro limitado punto de vista, a menudo pensamos en el bien y en el mal, sin darnos cuenta de que aún no diferenciamos el uno del otro. Lo que hoy consideramos bueno, mañana podemos pensar que es malo, y lo que hoy calificamos como malo, mañana puede llegar a ser el mayor bien que hayamos conocido. No sucede así con el gran Poder Universal de la Mente; sólo se observa a Sí Mismo y a su infinita capacidad de creación.

Esto significará mucho para el individuo pensante, porque entenderá que ya no vive en un universo limitado, en un mundo de poderes, sino que está inmerso en un Medio Creativo Infinito que, debido a Su Naturaleza, tiene que crear para él aquello en lo que cree. Jesús comprendió esto y, en unas cuantas sencillas palabras, definió la ley de la vida: «Se os hará según sea vuestra fe». Éste es un concepto maravilloso que se debe tener en mente. *Se nos hace a nosotros*; no tenemos que hacerlo, ya que nos lo entrega un poder que se conoce a sí mismo como el único que existe. Incluso podríamos creer que una montaña llegue a cambiar de lugar, porque el poder está ahí para hacerlo. Sin esta fe, no puede existir motivación para la Mente Creativa, y no obtendremos una respuesta afirmativa. Debemos advertir con más claridad que este Gran Poder tiene que operar a través de nosotros.

El papel que desempeña el hombre

No se nos puede imponer la Mente Creativa, ya que tenemos el poder de elección. Nos reconoce, cuando la reconocemos. Cuando pensamos que estamos limitados o que no hemos sido escuchados, la Mente Creativa debe tomar ese pensamiento y hacer que se manifieste para nosotros.

Cuando vemos a nuestro alrededor y apreciamos lo hermoso, abundante e ilimitado de la naturaleza, comprendemos que algo, algún poder, está detrás de todo, y observamos que en todas partes se obtiene esa abundancia, que en todas las cosas manifiestas existe más de lo que podríamos usar. Pero también reconocemos al hombre tan limitado, enfermo, triste y necesitado que nos preguntamos: «Después de todo, ¿Dios es bueno? ¿Realmente cuida a todas las personas de Su creación? ¿Por qué estoy enfermo? ¿Por qué soy pobre?». La respuesta está en nuestra propia boca, en el poder creativo de nuestro propio pensamiento. Cuando se les dice la Verdad a las personas promedio, seguirán en la búsqueda de otro camino.

Dios ya ha hecho por nosotros todo lo que Él puede hacer de una manera mecánica; y nos ha dado la habilidad para que nosotros hagamos el resto. Sin embargo, el Gran Poder siempre está cerca, preparado para ayudar en cualquier momento, pero debemos usarlo en armonía con sus leyes, de acuerdo con su naturaleza. El hombre tiene que aprender que él mismo es el centro de esta actividad Divina. Al comprenderlo, debe tratar de utilizar cada vez más su naturaleza Divina, y llegará a ser más pleno bajo la protección de las grandes leyes, manifiestas y no manifiestas, que rigen la vida. Sin importar lo que el hombre sea, ha de descubrir que, como él ha sido creado a partir de Dios, debe ser de la misma naturaleza. Este único Infinito no puede conocer nada fuera de sí mismo, lo que sería una contradicción de su naturaleza Divina. La ignorancia que tiene el hombre de su naturaleza real lo vincula con su propia libertad, hasta que llegue a ver las cosas como realmente son, y no como parecen ser.

En la Infinidad de la mente, que es el principio de toda la metafísica y de toda la vida, no existe nada más que la mente, y todo lo que la mente hace. Eso es todo lo que existe en el universo. Eso es todo lo que ha existido y existirá. Esta mente ha actuado en nuestro pensamiento, y así es como nuestro pensamiento se convierte en la ley de nuestra vida. Es una ley en nuestra vida individual, tanto como el pensamiento de Dios lo es en la gran vida del universo.

Para analizarlo con claridad, piensa en ti mismo como en esta Mente, piensa como si te encontraras en su centro. Ése es su principio. Tú piensas, y la Mente produce lo que estás pensando. Uno de los puntos más importantes que debemos recordar es que no tenemos que crear; todo lo que tenemos que hacer es pensar. La Mente, la única que existe, es la que crea.

Son pocos los que parecen entender la naturaleza de la ley y creen que tienen que hacer algo, aunque sea mantener un solo pensamiento; pensar o saber es lo que hace que las cosas se realicen. Será más fácil cuando comprendamos que no tenemos que hacer nada, sólo saber que hay algo detrás del conocimiento, que es lo que hace el trabajo por nosotros.

Quien piensa de esta manera obtiene los mejores resultados y comprende que es él quien puede utilizar este principio divino, que es él quien puede conseguir el concepto más claro de su idea, y quien puede confiar en la mente para que haga las cosas por él, manteniendo fuera de su pensamiento todo lo que pueda contradecir la supremacía del Espíritu o de la Mente.

Con un simple pensamiento, tal vez no podríamos hacer nada pero, al saberlo en la mente, ¿qué es lo que no podremos hacer?

Esclavitud y libertad

Nunca olvides que estás rodeado por semejante poder; éste es el principio de la demostración. Este principio conoce cada pensamiento. Cuando le enviamos lo que pensamos, actúa por nosotros. Quien ignora esta ley debe de ser porque la ignorancia está ligada a su pensamiento, y esto se debe a sus creencias humanas. Quien lo entienda así empezará a romper estos lazos que lo limitan; destruirá cada pensamiento negativo, uno por uno, hasta que al fin pueda pensar lo que desea pensar; y de esta manera, se liberará al hacer uso del mismo poder que una vez lo limitó. Debemos destruir todos los pensamientos que no queremos ver manifestados y conservar los que deseamos que se manifiesten, hasta que recibamos la respuesta afirmativa.

Nunca te esfuerces; la Mente realiza las cosas por Sí Misma, y no requiere de ningún esfuerzo. No pienses que debes estar en lucha contra ella. Cuando comprendas que Dios es todo, sólo ten una sensación tranquila de perfecta paz, y de que estás utilizando la ley perfecta y nada puede impedirle que trabaje por ti. Muchas personas están aprendiendo a hacerlo, y nadie ha fracasado todavía si ha sido firme y ha usado la ley con una confianza constante y persistente.

Todo lo que tenemos que hacer es mantener la correcta actitud mental y espiritual y, después, creer que ya tenemos lo que deseamos, y la recompensa llegará. Nosotros la veremos.

Llegará el momento en que no tengamos que demostrar nada, porque siempre estaremos viviendo tan cerca de la ley que hará todo por nosotros, sin que exista un pensamiento muy consciente de nuestra parte.

De manera que cuando dices: «Soy pobre, me siento enfermo o débil; no soy uno con la Mente Creativa», estás usando ese poder creativo para alejarte de lo Infinito; y sólo en el momento en que declares que eres uno con Dios, existirá una forma rápida para encontrar este poder, tan rápida como la manera en que encontró el Padre al hijo pródigo. «El Espíritu busca», pero siempre que la mente piense en función de condiciones que no pueda vencer. La dificultad viene de nuestra incapacidad para ver nuestra propia naturaleza Divina y su relación con el universo. No encontraremos la manera de vivir hasta que nos despertemos y entendamos que somos uno en naturaleza con Dios; no hallaremos la manera de vivir hasta que comprendamos que nuestra propia palabra tiene el poder de vida; y esto nos hace considerar el uso de la Palabra en nuestra existencia.

La Palabra

«La Palabra estaba con Dios y la Palabra era Dios.» «Cerca de ti está la Palabra, incluso en tu propia boca, y debes conocerla y ejecutarla.» ¿Qué significa esto? Afirma con claridad que cualquier poder que exista en la Palabra (y expresa que la Palabra es Todo Poder) también está en nuestra propia boca. No se puede evitar el hecho de que la Biblia reclama para el hombre el mismo poder en su propia vida y en su propio mundo que el que reclama para Dios. La mayoría de los hombres no comprenden que la Palabra se encuentra en su propia boca. ¿Qué Palabra?

Todavía no hemos comprendido con exactitud que la Palabra que los hombres buscan con tanto afán se encuentra en cada palabra que escuchan, piensan o dicen. ¿Acaso nosotros, quienes nos esforzamos por comprender las grandes verdades de la vida, somos los que rigen siempre nuestras palabras? Si cualquier palabra tiene poder, significa que todas las palabras tienen poder. No demostramos esto en los pocos momentos en que practicamos la meditación espiritual, sino que revelamos las posibilidades de la palabra oculta cuando dejamos que nuestros pensamientos corran en cualquier dirección. No sucede en las pocas ocasiones en que nos encontramos en silencio, sino en esas largas horas que se convierten en días, meses y años; ésos son los momentos en que usamos siempre la palabra. Pasar una hora diaria en meditación silenciosa no nos salvará de la confusión de la vida; lo que realmente cuenta es el cincuenta y uno por ciento del pensamiento del hombre. Cuando nos encontramos solos, estamos rodeados de nuestra propia atmósfera elevada, sentimos la fuerza del Infinito y así es fácil desafiar las tormentas de la vida; nos eleva en Espíritu y pensamos que estamos experimentando lo máximo de la verdad, que todas las cosas son nuestras. En una vida ocupada, está bien invertir así nuestro tiempo; no obstante, estos momentos son inevitablemente breves. Pero ¿qué ocurre con el resto del día? ¿Con el ajetreo de la calle, las compras del mercado y el contacto con la vida cotidiana? Y después, ¿qué obtenemos? ¿Seguimos adelante, comportándonos de la misma manera? ¿O nos derrumbamos ante la confusión de nuestro entorno exterior? Todavía estamos creando la palabra y poniéndola a flote en los grandes éteres de la vida. ¿Estas palabras están creando para nosotros? ¡Sí!

Qué necesario, entonces, es «mantener la independencia en la soledad». ¡Qué pocas veces la practicamos!

Dios envió a un ángel para hablar conmigo;
Él deseaba que escuchara esa palabra.
El ángel me dio a conocer ese mensaje
susurrándolo a mi oído.

Había perdido las ganas de luchar
y Dios sabía que necesitaba esa palabra,
y el bien lo fue todo, menos derrotado;
el mal lo era todo, excepto bondad.

La palabra que Dios me envió fue sencilla,
pero pudo aliviar a un espíritu en carne viva
del dolor de haber sufrido demasiado.
Era el *Amor que con la ley cumplía*.

En realidad, pocas personas se mantienen en buen equilibrio durante el día, debido a la ajetreada vida que llevamos. ¿Dónde encontramos al hombre que puede vivir por encima de su entorno, que en su pensamiento pueda dominar todas las condiciones y que, en medio de la muchedumbre, mantenga su propio camino y consejo? Cuando nos encontremos con una persona así, la conoceremos, porque hallaremos en su cara la imagen de la paz perfecta.

Descubriremos en su existencia el reposo y la independencia que sólo le llegan al hombre que se ha encontrado a sí mismo y que no se centra en el mundo externo, sino en su interior.

Un hombre así tiene el poder para atraer todo lo mejor del mundo; él es un centro hacia el cual todo el resto debe gravitar. La atmósfera que crea y con la que él mismo se rodea es de absoluta calma y paz. El mundo ve enseguida en este hombre un maestro y, con alegría, se pone a sus pies. Sin embargo, este hombre que ha sido elevado por el pensamiento del mundo no se preocupa de que otras personas deban sentarse a sus pies. Sabe que ha hecho todo lo que puede hacer, y sabe bien que todas las *enseñanzas* del mundo no harán que exista otro como él. Sabe que no es desde la enseñanza, sino desde el *ser,* como surge la verdadera grandeza. Así que este hombre no se pasa la vida enseñando o predicando; él simplemente ES.

El hombre que ha llegado

El hombre que ha llegado comprenderá que lo ha logrado en medio de una confusión exterior; será él quien ha entrado en el silencio para fortalecerse, y ha ingresado en el mundo equipado con el poder desde lo más elevado; pero debe mantener encendida esa luz que ha recibido.

Todos debemos encontrar una manera de vivir, no sólo en el silencio, sino también en la multitud ocupada. Cada pensamiento crea. Para la mayoría, estos pensamientos llegan en asuntos de todos los días, algunos de los cuales pueden ser muy triviales, pero éstos también serán demostrados.

A no ser que controlemos nuestro pensamiento de manera que el tiempo y el lugar carezcan de importancia, estaremos dejando de captar lo básico.

El poder que tenemos dentro

Tenemos un poder dentro de nosotros, mayor a cualquier cosa con la que alguna vez hayamos estado en contacto en la vida exterior, un poder que puede superar cada obstáculo en nuestra vida y ponernos a salvo, satisfechos y en paz, sanos y prósperos, en una nueva luz y en una nueva vida.

La Mente, toda la Mente, está aquí mismo. Es la Mente de Dios, el Poder creativo de Dios, la Vida creativa de Dios. Podremos tener tanto como necesitemos de este Poder para usarlo en nuestra vida cotidiana, en la medida en que podamos creer en él e incorporarlo a nuestra vida.

El almacén de la naturaleza está lleno de infinitos beneficios que esperan el despertar de nuestro pensamiento para seguir adelante y manifestarse en nuestra vida; pero el despertar debe estar de nuestro lado y no del de la vida. Debemos permanecer estáticos a la entrada de la oportunidad ilimitada, en el eterno e inmutable AHORA. Hoy es el día para empezar una nueva vida y alcanzar la mayor expresión de todo lo que es maravilloso. La palabra que pronunciamos es la Ley de nuestra vida y nada la entorpece, excepto nosotros mismos. Por la ignorancia de nuestra verdadera naturaleza, hemos hecho un mal uso del poder de nuestra palabra, y observemos bien lo que nos ha traído: lo que más temíamos. Pero ahora producirá algo nuevo, un nuevo cielo y una nueva tierra.

Ideas individuales

Descubrimos que, en el universo, cada idea en particular tiene una palabra, un concepto mental tras ella. Siempre que esa palabra permanezca, ese algo o cosa permanece en su lugar dentro del mundo visible; cuando el concepto es retirado, la idea en lo visible se desvanece, desaparece; deja de vibrar ante el mundo, ésa es la ley. Cuando la palabra se retira, la condensación del éter que la forma se desvanece de nuevo en la nada. Hubo un tiempo en el que el mundo no tenía forma y, sólo a partir de la palabra, todas las cosas que ahora existen fueron creadas. En el momento en que nuestra palabra dice que ya no hay vida en nuestros cuerpos, el principio de la vida se retira y nuestros cuerpos regresan a la sustancia de la que vinieron. Éste es el gran misterio de la vida: somos capaces de usar esta palabra creativa para cualquier propósito que deseemos, y esa palabra se convierte en Ley de ese algo para lo que fue pronunciada.

Así, podríamos decir que sin nuestra palabra, nada de lo que existe en nuestra vida hubiera sido creado, ya que la palabra nos da el poder de estar en el centro de nuestra vida y dirigir todas sus actividades. No hay forcejeo, ni disputa. Todo lo que tenemos que hacer es saber.

Debemos despertar y, con la glorificada conciencia de un alma emancipada, utilizar el poder que Dios nos ha dado.

La razón para el universo

Este universo es la razón, primero de una Inteligencia Infinita que habla o piensa y, cuando este pensamiento se vuelve activo dentro de sí mismo, crea el universo visible con el poder de la propia palabra. Estamos viviendo en una actividad Universal de ley mental, rodeados por una Mente que recibe cada impresión de nuestro pensamiento, y nos regresa sólo lo que pensamos. Cada hombre, entonces, vive en un mundo hecho para él desde la actividad de su pensamiento.

Es incuestionable que la Mente debe crear a partir de Sí Misma; y, como este ser es ilimitado en sí mismo, su poder creativo no tiene límites.

Mente en acción

Todo lo que vemos es el resultado de la mente en acción. Todos tenemos un cuerpo y lo que llamamos un entorno físico; no podríamos tenerlo, si no fuera por la mente. La ley implantada en nuestro interior dicta que sólo necesitamos de nosotros mismos y de toda la sabiduría de la Mente Creativa para hacer algo; y mientras dependamos de cualquier condición, pasada, presente o futura, o de cualquier individuo, estaremos creando el caos, porque tratamos con condiciones y no con causas. Cada alma viviente es una ley en sí misma, pero pocas personas son conscientes de esta gran verdad. La raza humana se siente limitada y le parece difícil comprender la existencia de un poder que hace las cosas directamente a partir de sí mismo, tan sólo al convertir algo que ya esta hecho, y llevarlo a cabo por medio del autoconocimiento. Pero no lo demostraremos hasta que veamos al menos algo de esto, la mayor verdad sobre la vida.

Debemos entender que estamos tratando con un principio científicamente comprobado. Este principio estará eternamente presente y en ningún momento nos fallará. Podemos acercarnos a la Mente Infinita con una profundidad de pensamiento y entendimiento, si sabemos que esta Mente Infinita nos responderá y si somos conscientes de que tratamos con la realidad.

Jesús, que entendió esto con amor, expresó toda la ley de la vida en unas simples palabras: «Hágase en vosotros según vuestra fe». No tenemos que hacerlo, llega a nosotros, está hecho por un poder que lo es todo. Si creemos que una montaña se moverá, así será. Pero no habrá impulso para el poder creativo y no recibiremos nada, a menos que lo creamos. La vida exterioriza en el ámbito de nuestro pensamiento.

Acción y reacción

En cada pensamiento que tenemos, existe algo que regresa a nosotros. La frase «Dice el Señor: mía es la venganza, yo pagaré» es una declaración de verdad eterna a la que nada puede oponerse, y cualquier cosa que el hombre ponga en movimiento en su mente regresará a él, tal como la ha concebido dentro de sí mismo y la ha traído a su manifestación. Si deseamos ir más allá de los viejos pensamientos, debemos estar por encima de ellos y pensar en cosas más elevadas. Estamos tratando con la ley de causa y efecto que es absoluta; recibe tanto el más insignificante como el mayor pensamiento y enseguida empieza a actuar en él. Y, a veces, incluso cuando ya lo hemos entendido, nos sorprende la rapidez con la que funciona. Si hemos empleado mal esta ley, ahora no debemos fallar; todo lo que tenemos que hacer es dar la espalda a la manera anterior y empezar con la nueva. Pronto trabajaremos fuera de la ley vieja y dentro de la nueva, que está estableciéndose para nosotros. Cuando deseamos sólo lo bueno, lo malo se irá para no regresar más.

Alcanza una conciencia elevada

La mejor manera de llegar a la conciencia más elevada es tener una gran fe en la disposición y la habilidad de la Vida para hacer todo por nosotros, trabajando a través de nosotros. Debemos creer en la bondad inherente y en el gran poder del Espíritu de la Verdad. Así que cada camino nos lleva de regreso al mismo punto y debemos percatarnos de la presencia cercana, de la gran realidad. Allí, a través de la puerta de nuestro pensamiento, entramos en la Conciencia Universal, en una plena realización de vida y verdad, de amor y belleza; y, cuando nos postremos en el silencio de nuestras propias almas y escuchemos, será lo más maravilloso que habremos hecho. En esa integridad estamos perdidos y, sin embargo, nos encontramos. Por eso se dice que un hombre debe perder su vida para encontrarla. Perdemos lo humano y encontramos lo divino. Comprendemos que somos Uno con la Causa.

Sugerencias externas

Casi todas las personas viven bajo el control de sugerencias externas, y no de realizaciones internas. Por lo general, el hombre cree sólo en lo que ve que otros hacen, y oye lo que dicen los demás. Todos debemos aprender a tener el control de la vida interna, para que las cuestiones externas no tengan impacto en nuestra mentalidad. Como somos seres pensantes, y no podemos dejar de pensar, tampoco podemos evitar hacer que nos sucedan cosas, y lo que necesitamos es controlar nuestros procesos de pensamiento, para que éste no se aleje de la realización de lo que es perfecto.

El hombre está regido por una mente que le devuelve todo pensamiento que tiene; él no puede escapar de esto y no es necesario que lo intente, ya que sería inútil. Las leyes de la mente son simples y fáciles de entender. Nuestro problema es que hemos generado grandes obstrucciones y, después, intentamos superarlas. Deja de intentarlo, deja de luchar, empieza a estar tranquilo, confía en las leyes más elevadas de la vida –aunque no las veas, siguen estando ahí.

¿Ha visto la ley que provoca que crezca una planta? Por supuesto que no y, aun así, crees en esta ley oculta de crecimiento. ¿Por qué crees? Es simple, porque todos los años, después del tiempo de la siembra, llega la cosecha. ¿No debemos entonces tener una gran fe en las leyes más elevadas del ser? A esas almas que se han atrevido a creer, les ha llegado una respuesta tan definitiva como les llegó a aquellos que creyeron recibir una cosecha de la semilla plantada. Esta ley existe y, si vemos los resultados, deberíamos usarla, es decir, tenemos que proporcionar la receptividad mental que nos preparará para aceptar el regalo que el Espíritu hace. Esta receptividad es un proceso mental, un proceso en el que desaparece todo sentido de limitación.

Si deseas hacer una demostración de prosperidad, empieza a pensar y a hablar sobre la prosperidad, y comienza a verla en todas partes. No hagas nada, mental o físicamente, que pueda contradecir este pensamiento. El mundo está lleno de cosas buenas; tómalas y olvídate del resto. Supera la depresión, y alégrate de estar a salvo de la adversidad; necesitas limpiar la mente humana de los pensamientos malsanos unidos a falsas creencias.

Ningún alma viviente puede demostrar dos cosas al mismo tiempo, si una contradice a la otra. No hay manera, excepto la de dejar ir todo lo que *no deseas* que entre en tu experiencia, y, en tu mente, tomar todo lo que *sí deseas*.

Ve, oye, habla y lee sólo lo que deseas, y nunca permitas que llegue de nuevo un pensamiento negativo a tu mente.

Dios conoce sólo lo bueno y, cuando estamos alineados con lo bueno, Él nos conoce; cuando no estamos en armonía con lo bueno, decimos: «Dios se ha olvidado de nosotros». Por una parte, tenemos una Inteligencia Infinita que nos ha traído donde estamos hoy; y, después de haber hecho todo lo que puede por nosotros, ahora nos deja solos para descubrir nuestra propia naturaleza. Por otro lado, tenemos la Ley Infinita que es una actividad de Dios, y podemos usarla para lo que deseemos, sólo con una condición: si la empleamos para el bien de todos, estaremos protegidos.

Así como un hombre siembra, cosechará. Ahora el Padre nos ha traído donde podemos entender la vida, y debemos hacer lo que elijamos. Si estamos en armonía con el gran movimiento del Espíritu, nada puede impedir nuestro avance; si nos oponemos, en alguna parte de nuestro camino, nos aplastará. Sucede con los individuos lo mismo que con las naciones: prosperan en la medida en que trabajan con un espíritu correcto, pero cuando empiezan a fallar con el uso de esta ley, comienzan a decaer. El que lo entienda tomará la posición de aquel que desea trabajar en unión con el Poder del Bien; y así llegará todo el poder que puede concebir y creer; su palabra se convierte en expresión, como la misma palabra de Dios, y debe comprenderlo, para ser todopoderoso. Y, si en verdad está unido con el Bien, deseará expresar sólo la verdad en todo; y, al hacerlo, trabajará en conjunto con el descubrimiento del Espíritu y, aunque parezca que este hombre falla, su éxito es seguro, porque es uno con el único poder máximo, ante el cual, con el tiempo, todo lo demás debe doblegarse.

Haz uso de una conciencia mayor

En la práctica, el alma emancipada debe comprender siempre que está en unión con el Padre; eso que el Padre hace, puede hacerlo ella en su propia vida, puede convertirse en lo que Dios es. Su palabra ha de ser pronunciada con autoridad absoluta; debe saber, no debe haber incertidumbre. La palabra es el único poder; todo tiene que provenir de ella, y nada puede estar en su contra; es el arma poderosa que debe usar contra todo el mal y para todo lo bueno. Es su escudo contra la adversidad y su defensa segura contra toda limitación aparente.

El lugar secreto del ser más elevado se encuentra en su propia alma, donde Dios mora en eterna paz y calma infinita. Él camina tranquilo en las aguas de la vida, entre olas y tormentas. La compañía divina es suya para toda la eternidad. Llega la paz que trasciende toda la confusión humana y comprende que, en efecto, el Padre lo ha honrado. Su palabra ha sido pronunciada y funcionará, sin que nadie pueda impedirlo; el sentido de seguridad está completo. El cielo y la tierra pueden desaparecer, pero la palabra continúa y continúa para cumplir con esa misión para la que fue enviada; y todo el poder se le da en la tierra y en el cielo. Si Él la pronuncia a los enfermos y ellos la reciben, sanarán. Si Él emite la palabra de prosperidad, ésta se manifestará y nada podrá impedirlo; el mundo abundará con lo bueno, y su copa se desbordará con vida.

¡Qué más podemos pedir! ¡Qué mayor realización de vida es saber que Dios está con nosotros! A partir de esta gran realización, llega la paz, una paz que el mundo entiende poco, y una calma que es tan profunda como el infinito mar de amor en el que el hombre mismo entiende que está sumergido. La paz trae el equilibrio y, de la unión de estos dos, nace el Poder. Ninguna persona puede llegar mientras crea en dos poderes; sólo cuando nos elevamos a ese entendimiento del Uno, en y a través del todo, es cuando podemos alcanzar algo. Mientras pronunciamos la palabra, no debe haber confusión, sino sólo esa confianza serena, la cual sabe que «Aparte de mí, no hay nada». Comprende que el Espíritu es Toda la Causalidad y que, a partir de Él, todas las cosas están hechas, por obra de la palabra a través de Él, y que puedes pronunciar la palabra que es una con el Espíritu, y no habrá más confusión. «Como el Padre tiene vida en sí mismo, también ha dado al Hijo el tener vida en sí mismo.» «Sólo pronuncia la palabra y así se hará.» «La Palabra está en tu propia boca, y debes conocerla y ejecutarla.» «Eres extraño en la tierra, tu hogar es el cielo; Peregrino, eres el invitado de Dios.»

La conciencia mayor

El hombre está rodeado por un gran poder de pensamiento universal que siempre regresa a él, justo como lo piensa. Así de plástica, así de receptiva es esta mente, que toma la impresión más ligera y la amolda a sus condiciones. Dos cosas afectan al pensamiento del hombre: su cuerpo y su entorno. En todo momento se le da el absoluto control de estas dos cosas, y no puede escapar del efecto que produce en ellas su pensamiento.

Al ignorar este hecho, él mismo se ata por un mal uso de las leyes de su ser; pero cuando empieza a ver que es el responsable de todo lo que le llega en el camino de la vida, comienza a controlar su pensamiento, que a su vez, actúa sobre la sustancia universal para crear un mundo nuevo para él.

El alma grande está aprendiendo cada vez más y llega a atreverse a enviar a su mente una idea divina de sí misma, y a verse íntegra y perfecta.

Si tiene un pensamiento divino, obtendrá algo divino; si tiene un pensamiento humano, obtendrá algo humano; recibirá cualquier cosa que su más profundo pensamiento encarne. Y así encontramos estas palabras en la Biblia dos veces: «Con el misericordioso, te mostrarás misericordioso, y recto con el hombre íntegro». A todos les sucede lo que creen.

A menudo nos preguntamos por qué no hacemos mejores demostraciones. Observamos que algunos obtienen resultados maravillosos, que pronuncian la palabra y pueden sanar a los demás. Observamos que otros luchan con la palabra, y nada parece suceder; y cuando nos preguntamos la razón de esto, descubrimos que es muy evidente. Todo es mente y somos mentales, estamos en la mente y sólo podemos recibir de ella lo que pensamos primero. No sólo debemos pensar, sino también saber. Tenemos que mantener en nuestro interior una reserva mental y la semejanza espiritual de lo que deseamos. Entonces, la razón por la que muy pocos tienen éxito debe de ser porque mentalmente no han creído en realidad en la exclusión de todo lo que pudiera negar aquello en lo que creyeron. Y el motivo por el que otros tienen éxito se debe también a que han creído absolutamente y han dejado que fluya el poder real a través y a partir de la expresión. Ellos deben de tener un concepto real de la vida. Sostén un objeto frente a un espejo y en el espejo aparecerá el tamaño exacto del objeto. Mantén un pensamiento en la mente y, en materia, aparecerá exactamente lo que está en el pensamiento. Hagamos que esta imagen que sostenemos frente a un espejo cambie ligeramente y existirá un cambio correspondiente en el reflejo. Sucede lo mismo en el mundo mental: *cualquier cosa que imaginemos pasa* de la mente a la manifestación.

No debemos negar lo que afirmamos. Sólo tenemos que razonar a partir de esa causa que es espiritual y mental, y eliminar todo pensamiento que pudiera negar su poder en nuestra vida. Esto parece suceder cuando el hombre dice que es pobre, que es limitado, que hay falta de oportunidades, que vivimos tiempos muy duros, que los precios están altos, que nadie quiere lo que ofrece. Ninguna persona que exprese estas ideas puede tener éxito.

Cuando nos expresamos de esta manera, estamos formando un arco y usando un poder destructivo. Todos estos pensamientos negativos deben desaparecer, y hemos de entender que somos un centro activo en el único poder que existe.

Debemos conseguir la visión perfecta, la concepción perfecta, expandir nuestro pensamiento hasta que comprenda todo lo bueno y, después, salir y usar este Poder Omnipotente con propósitos definidos. Debemos sentir todos los días una unión más profunda con la Vida, un mayor sentido de ese Dios que mora dentro de nosotros, el Dios que está en todas partes. Al hablarle a esta Mente, sembramos la semilla del pensamiento en lo Absoluto y podemos descansar en paz. No tenemos que precipitarnos, porque todo está hecho según lo que creemos. «En ese día, ellos me llamarán y yo responderé.»

Muchos se preguntan a menudo: «¿Cuál es el mejor método para la demostración?». Hay una respuesta para esta pregunta: la Palabra es el único método posible para la demostración de cualquier cosa; la palabra realmente se siente y está incluida en nuestro pensamiento. Entonces, la palabra se vuelve carne y mora entre nosotros, la miramos y la experimentamos. Cuando lo entendamos, no pediremos hacerlo de ninguna otra manera.

Quien no razona estas leyes tal vez diga que este concepto es presuntuoso, que incluso es sacrílego; pero sólo se debe a que no comprende el hecho de que todos estamos regidos por la ley, y que toda ley es impersonal y universal. Tenemos tanto derecho a usar la ley espiritual como a usar las llamadas leyes físicas. Hablando estrictamente, no existe algo parecido a una ley física, ya que todas las cosas son espirituales y toda ley es una ley de la actividad del Espíritu. El mayor uso de estas leyes siempre lo hará el alma que es profundamente espiritual, que también se acercará a usar la ley como Dios la usa. Así, el alma que es realmente grande debe tener una relación más cercana con el Dios Invisible; esta relación no puede expresarse en palabras, sino sólo en el sentimiento interno que trasciende el poder de las palabras para expresarse. Dios tiene que convertirse en la gran realidad, no meramente como el principio de vida, sino más bien como la gran Mente que sabe y que, en todo momento, entiende y responde. Decir que Dios no entiende nuestros deseos sería como robarle a la mente divina toda conciencia y colocar a Dios por debajo de nosotros en la escala del ser. Por otro lado, debemos tener cuidado de no creer que Dios piensa mal y que comprende aquello que no es perfecto, ya que entonces tendríamos a un ser imperfecto como la Primera Causa.

Cada vez más, es necesario que aprendamos a pensar en cosas en función de lo absoluto, es decir, pensar en cosas que no estén limitadas por las condiciones. Comprende en todo momento que el Espíritu hace las cosas por Sí mismo, y no necesita de un principio, excepto su propio conocimiento. Entonces, debemos reconocer nuestra relación con este gran poder, como una correspondencia absoluta; lo que pensamos y enviamos a ese poder, lo toma y lo hace por nosotros, tal como lo pensamos. No debemos hacer un esfuerzo al pensar; hemos de hacerlo con facilidad, sin tensión. La ley debe regresar a nosotros;

no tenemos otra responsabilidad que la de proporcionar el canal apropiado. Sólo puede volver a nosotros de la manera exacta en que lo pensamos. Si pensamos que el forcejeo es la realidad, lograremos nuestra demostración, pero el forcejeo tendrá que ser el resultado. Hay una ley de reflexión entre la Mente y el pensador; y no sólo es lo que un hombre está pensando, sino también cómo piensa que «se hará en él tal como lo piensa».

Si en realidad crees que puedes hacer algo determinado, el camino siempre estará abierto para ti; si crees que tendrá que pasar tiempo, entonces lo estás convirtiendo en ley, y así será. Por otro lado, si crees que la mente sabe cómo hacerlo, que nunca comete errores, y la dejas hacerlo por ti, entonces lo hará. La confusión genera más confusión; la paz engendra más paz; no podemos imaginar al Gran Espíritu apresurado o inquieto, preocupado o intentando hacer que algo suceda. La única razón por la que nos preocupamos y precipitamos es porque hemos pensado que existe otro poder que puede traernos confusión. Éste no es el caso. Sólo existe un Poder y siempre estamos usándolo, de acuerdo con lo que creemos. Éste es nuestro divino derecho de nacimiento, no hay nada que lo impida, sólo nosotros mismos. Recuerda que, como todo es mente, no puedes demostrar algo más allá de tu habilidad para comprenderlo mentalmente, es decir, más allá de tu habilidad de *saber* sobre algo determinado. Por ejemplo, supón que deseas sanar a alguien que se encuentra enfermo; tu habilidad para hacerlo dependerá por completo de tu capacidad para concebir mentalmente la perfección, y de que entiendas también que tu palabra destruye todo lo que no se le parezca. Si intentas visualizar la perfección *durante unos cuantos minutos*, nunca podrá sanar. Tu pensamiento siempre está funcionando y, cuando menos lo esperes, las condiciones estarán amoldándose para ti. No es suficiente declarar la verdad de una manera consciente. La verdad debe vivirse o no podremos obtener un buen resultado.

El universo perfecto

El que desea sanar debe dejar de ver, leer, discutir o escuchar conversaciones sobre la enfermedad. No existe otra forma de hacerlo, excepto cuando dejamos ir lo que no deseamos, y tomamos lo que deseamos tener. Nos engañamos cuando pensamos que podemos hacerlo de dos maneras a la vez. Podemos engañarnos a nosotros mismos y quizá a otras personas, pero la ley permanece siendo la misma, una ley de correspondencias mentales, y nada más. No podemos ir más allá de nuestra habilidad de comprender la verdad; el agua sube sólo a su propio nivel. En nuestros pacientes, como en nosotros y en nuestro entorno, reflejaremos lo que somos, pero no lo haremos en los pocos momentos de silencio, sino a lo largo de la vida cotidiana y del pensamiento.

No es fácil adquirir una conciencia más elevada. Debemos sacar de nuestro pensamiento todo lo que hemos creído y que contradice al todo perfecto, y llegar a comprender que ahora vivimos en un universo perfecto, habitado por seres espirituales perfectos, cada uno (acoplado con la Gran Divinidad) completo dentro de sí mismo. Debemos ver que somos uno en la gran *unidad* y así no nos separaremos o dividiremos, sino que nos uniremos y nos sumaremos, hasta el momento de darnos cuenta de que vivimos en un mundo muy diferente del que creímos vivir alguna vez. Por supuesto que encontraremos mucha oposición de esas almas ignorantes con quienes entramos en contacto en el mundo. Pero ¿qué sucede con esto? Recuerda, el gran hombre es el que puede mantener la calma entre la multitud, incluso en el pensamiento, aferrándose a la profunda confianza divina en el principio. Y aún más, ésta es la única manera de ayudar o salvar al mundo. En algún momento, todas las personas llegarán a la misma comprensión. Tú estás elevando el estándar de vida, y te seguirán aquellos que estén listos. No tienes la responsabilidad de salvar al mundo, excepto dando el ejemplo con la verdad. El mundo debe salvarse a sí mismo.

Todos somos iguales; no hay diferencia entre una persona y otra. Llega a ver a todos como una idea divina; detén todo pensamiento negativo; sólo piensa en lo que deseas, y nunca en lo que no deseas, ya que esto provocaría una creación falsa. Es inagotable el tema sobre el hecho de que todos tratamos con un solo poder, que hace y deshace para el hombre a través del Poder Creativo de su propio pensamiento. Si hay algo en tu vida que no deseas, ¡deja de luchar y olvídalo!

Deja de luchar contra el Karma

Existe demasiada lucha con el pensamiento metafísico. A menudo oímos decir a alguien que está en búsqueda de la verdad: «Tengo una gran lucha por delante». ¡Ignorante y necio! ¡Así cómo esperas entrar! El reino no viene del exterior, sino del interior, *siempre*. Detén toda esa lucha y espera dentro del principio seguro que crea cualquier cosa que desees, debido a que no hay nada que se le oponga. Siempre que pensemos que existe oposición, bloqueamos el camino de una visión más clara. Aquellos que levantan la espada deben perecer por ella; no porque Dios sea un Dios celoso, sino porque ésa es la manera en que la ley debe funcionar.

En todas partes se ha de obtener la causa y el efecto. Ni siquiera te preocupes por pequeñeces sobre tu Karma; a menudo escuchamos: «Éste es mi Karma». Puede ser verdad, pero ¿cuántas personas saben lo que quieren decir cuando utilizan la palabra «Karma»? ¿Te das cuenta de que tu Karma sólo es tu pensamiento falso? ¿Que la única manera de escapar es pensar en la verdad, y eso nos lleva a la ley más elevada? Cuando lo grande llega, lo menor sale, debido a que ya no hay nada que le dé vida. El pasado se marcha, cuando aprendemos a perdonar y a olvidar.

Esto borra de la mente todo lo que está en contra nuestra, e incluso nuestros pecados «nunca más serán recordados». El destino se halla en nuestras manos y, cuando nos elevemos a esa atmósfera pura donde se ven las cosas en su integridad, y nos demos cuenta de que el Poder que Todo lo sabe está detrás de todo, veremos que la Mente Infinita sólo puede desear para nosotros lo que expresemos de manera ilimitada. El gran problema ha sido que razonamos como hombres y no como *Dioses*. «Yo dije: vosotros sois *Dioses* e hijos todos del Altísimo.»

La gran ley de la vida es pensar y ser; mientras pensemos desde lo más elevado del Espíritu, seremos grandes. No intentes convencer a los demás de la verdad; eso traerá confusión. La verdad es, al igual que Dios es; y, poco a poco, el mundo entero está entendiéndola. Guarda la verdad dentro de tu alma, mantente por encima de la confusión de la vida y, entonces, las personas te creerán. Es así como todo nuestro pensamiento será creado en la comprensión del Uno que se convierte en los muchos, sin forcejeo, sin miedo, despojado de todo lo que niega la verdad.

¡Qué limitados somos, y qué pequeño es nuestro pensamiento! Los hombres se levantan por la mañana y van a trabajar, regresan a casa por la noche, adoloridos y cansados, comen, duermen, trabajan y mueren. Como se ha dicho del hombre: «El hombre trabaja duro para conseguir dinero para comprar comida para conseguir fuerza para trabajar duro y conseguir dinero, y así sucesivamente». Nunca se pretendió que así sucediera; es la maldición impuesta al hombre que ha creído en dos poderes, uno de bondad y otro de maldad. A nosotros nos ha llegado una visión mayor y, a aquellos que creen y actúan como si fuera la verdad, se los está probando.

Debemos dar la espalda a todo pensamiento y experiencia humana. No somos pecadores oprimidos, miserables ni perversos, nacidos en pecado y concebidos en iniquidad y vergüenza, para que algunos vayan al cielo, otros al infierno y todos a la gloria eterna de Dios. Ésta es una mentira, siempre lo fue y siempre lo será. Pero si creemos en una mentira, la mentira estará presente en nosotros.

El hombre nace del Espíritu de Dios Todopoderoso, es puro, santo, perfecto, completo e impoluto; es uno con su eterno principio del ser. Muchas personas están descubriendo esto y, como un monumento a su verdad, millones la comprueban todos los días.

En algún lugar del camino de la experiencia humana, todos despertaremos para darnos cuenta de que nosotros mismos somos el cielo o el infierno.

Vivimos en Espíritu en espera del toque del pensamiento que cree. Todas las personas buscan, aunque sólo unas cuantas encuentran.

Segunda parte

PRÁCTICA

Introducción

Cualquiera que desee practicar la metafísica debe, en todo momento, considerarse un centro de la actividad divina; debe saber que lo que Dios es en el ámbito Universal, el hombre lo es en el mundo donde vive; debe comprender que todo está hecho a partir del Espíritu, que es la Causa Primera, pues nada lo precede. El Espíritu opera sobre sí mismo y lo proyecta todo según su deseo perfecto. Debe pensar en el Espíritu como en el Padre de su propia vida, que siempre estará vinculado a él y él al Espíritu.

El que desee practicar la metafísica debe entender que el Espíritu no sólo puede manifestarse a través de él, sino que desea hacerlo; «El Padre busca a quienes Lo Adoran». El practicante que comprende la verdad sabe que, mientras Dios exista, él también existirá; que no podrá dejar de existir, igual que Dios tampoco puede hacerlo. Cuando camine, hable y se mueva hacia Dios, deberá considerar al Ser Divino no sólo como la gran

Causa desconocida; tiene que dar un paso más allá y percibir a Dios como el gran conocedor de sí mismo, como el comprensivo poder de Inteligencia Infinita que piensa a través de su pensamiento y desea para su propia vida todo el poder y todo el bien. Más que esto, dentro de su propia alma, Dios debe convertirse en el gran yo, en la vida interior, en la luz interna que va a iluminar su camino con paso seguro para conquistar los más altos ideales. Dios debe convertirse en el gran amigo de su vida, el que lo comprende y el que lo ayuda siempre a comprenderlo todo.

Así no necesitará más libros, maestros, predicadores, credos o candelabros. Los antiguos métodos deben desvanecerse en la nada que representan, ya que la comprensión de que Dios lo es todo en su vida se abre camino dentro de su pensamiento que ha despertado.

> Nada es el escudero, cuando el rey está cerca;
> desaparezcan las estrellas cuando asome
> la atrevida luz del sol.

Has de saber que ninguna cima, abismo o cualquier otra cosa podrá interponerse entre el alma y su perfecto Creador. Durante mucho tiempo hemos escuchado a los demás; ahora nuestra alma deberá hablar en un idioma que es inconfundible; ahora deberemos convertirnos en amos de toda la vida y en intérpretes de todos los misterios. Ahora mi Padre y yo somos uno.

Así como la palabra de Dios perdura y pone en movimiento la ley absoluta, así debemos comprender que como somos uno con la palabra, nuestro propio pensamiento tiene el poder de la expresión. El que desee sanar debe llegar a considerar el mal como algo impersonal, sin vincularlo a nada, sino entendiendo que sólo es un pensamiento falso; el sanador sabe que la palabra que va a pronunciar destruirá esta falsa impresión, y, al borrarla, ésta se desvanecerá.

El único sentido de responsabilidad que debe existir es el de pronunciar la palabra con conocimiento y una fe positiva. Toda la lucha pertenece al Orden Antiguo; en el Orden Nuevo, la paz toma el lugar de la confusión, la fe responde al grito de duda y miedo, y la Palabra es suprema.

Debemos comprender que nuestra palabra es ley y que no puede relegarla el falso pensamiento del mundo. Cada vez que manifestamos una verdad, debemos saber que esa verdad destruye todo lo que no se le parece y libera el pensamiento del que deseamos ayudar y sanar.

Esta palabra debe convertirse en la nueva ley que libera. Las personas están enfermas porque piensan en enfermedades y serán sanadas sólo cuando abandonen este tipo de pensamiento y empiecen a pensar en función de la salud.

El mismo poder usado de dos maneras

Sólo existe un poder, pero lo usamos de dos maneras, ya sea para destruir o para salvar. La bendición y la maldición son lo mismo: el poder de la mente usado afirmativa o negativamente, la palabra empleada con miedo y duda o con fe y convicción.

No hay que conocer la filosofía materialista o ser docto en libros acerca de la raza humana. Toda esta información puede ser buena en su fuente pero, para alguien que comprende las grandes leyes de la vida, son simples balbuceos.

Una criatura que llora al anochecer,
una criatura que llora al amanecer.
Sin otro idioma que no sea el del llanto.

Ya no lloramos, Sabemos. Ya no preguntamos si hay un Dios, o si nos atreveremos a hablar con Él para no morir. Ya no analizamos, diseccionamos, afirmamos o negamos, ahora *Sabemos*.

Confiamos en nuestra propia palabra porque primero «Sabemos en quién hemos creído».

El que trata de alcanzar algo lo conseguirá más pronto en cuanto comprenda que la verdad debe ser revelada a través de su propia alma y no del alma de alguien más. Tenemos que inmunizarnos entonces contra la sugerencia de la raza humana de que existe un poder hipnótico que se establece como autoridad. No existe otra autoridad que su propia alma, ya que: «No existe otra ley que la que ha determinado su alma». Debemos ser *Libres* y dejar las autoridades a las mentes pequeñas y a aquellos que necesiten de un líder, debido a su autoconfesada debilidad. Atrévete a «*Colocarte* en el centro del camino eterno» y a proclamar tu propia *Expiación* con todo el poder que existe, ha existido o existirá.

Prácticamente toda la raza humana está hipnotizada, pensando todo lo que se le dice que piense. Obtenemos nuestros conceptos de nuestro entorno físico y decimos: «Veo pecado, enfermedad y muerte, desgracia, infelicidad y calamidad». Y éste es el concepto que le damos a la Mente impersonal y creativa, de tal manera que creamos una ley que, al funcionar únicamente para nosotros, generará aquello en lo que creemos. ¿Realmente sabemos lo que significa el término «ley»? *Significa aquello que exigirá el máximo de nuestro pensamiento.*

Lo similar produce cosas similares, atrae cosas similares y crea cosas similares. Si pudiéramos ver nuestro pensamiento y tomar una foto de éste y de nuestras circunstancias, nos daríamos cuenta de que no existe diferencia entre ambos ya que, en realidad, sólo son el interior y el exterior de lo mismo.

No podemos hacer afirmaciones durante quince minutos diarios y pasar el resto de nuestro tiempo negando aquello que hemos afirmado, ni esperar que al afirmar lo que hemos negado, podamos obtener los resultados que buscamos. Lanzamos la palabra y ésta pone el poder en movimiento; si después pensamos lo contrario, neutralizamos la primera palabra y no obtenemos ningún resultado.

No podemos demostrar ni un ápice más allá de nuestra capacidad mental para concebir y manifestar con determinación. Sin importar lo infinito, rápido y receptivo que es el Poder Creativo, para nosotros, sólo podrá convertirse en lo que pensamos primero. Dios sólo puede hacer por nosotros lo que puede hacer *a través* de nosotros.

Atrévete a decir: «Yo soy él. Grandes hombres han llegado y se han marchado, y miren: el más grande está parado aquí donde yo estoy, y yo soy ése». El mundo se reirá y tal vez te mire con desdén. El mundo cristiano unirá sus manos en señal de bendito horror por el miedo a tu blasfemia; el mundo no cristiano sonreirá deliberadamente. Ni el uno ni el otro comprenderán, pero eso no importa en lo absoluto. Ahora eres libre, y tu libertad salvará al mundo. El alma grande encuentra dentro de sí la compañía Divina que necesita. Encuentra dentro de sí la «Paz que sobrepasa toda comprensión y el poder para hacerlo todo». *¡Todo el Poder!* El alma que es grande habla; su palabra es Ley y todo el poder que existe, lo genera en ti. Su palabra sabe que es la ley de la vida en todos para los que se pronuncia y en todos los que la reciben.

Sana a los enfermos

Seremos llamados a sanar todo tipo de enfermedades, a consolar a los que sufren y a traer paz a los afligidos. Primero debemos sanar nosotros. Cuando curamos a los demás, también nos curamos a nosotros mismos. El trabajo de un sanador tiene lugar dentro de sí. La idea de «enviar pensamientos» y de «aferrarse a pensamientos» es un error. Piensa, empieza a ser, no sólo cuando «asumes pensamientos», sino cuando *comprendas que la Palabra es infinita*. Esta palabra se encuentra en tu propia boca, y sólo tus labios la pueden pronunciar. Aquí es donde empieza y termina tu responsabilidad, *en tu propia boca*.

No debes sentirte responsable de la recuperación de tu paciente; no te preguntes siempre si el tratamiento va a funcionar, ya que sólo generará confusión y alteración. Debe funcionar, si tienes una fe inquebrantable y si tu paciente es receptivo. Estás manejando el mismo poder que dijo: «Hágase la luz», y la luz se hizo.

Si tu paciente cree que está muriendo de una temible enfermedad, debes saber que, cuando pronuncies la palabra, se destruirá esta falsa creencia y lo liberará. No debes dudar del poder de la palabra que pronuncias. Ha de pronunciarse en perfecta calma, en paz, y con una fe absoluta en que va a funcionar. Entonces, esta palabra establece la ley de la vida en el paciente, aleja todo el temor, destruye toda la falsa sensación de vida material y hace comprender que todo es una expresión de un Dios perfecto; así que no deja nada que pueda ser pecado, enfermedad, sufrimiento o muerte. Cuando estés tan seguro de esto como de que respiras, cuando en realidad lo entiendas desde tu interior, cuando tu paciente también lo crea, le llegará la salud. Si no lo cree, no es culpa tuya, y habrás hecho por él todo lo que podías hacer.

Negaciones

Algunas personas enseñan el uso de negaciones. Esto deberá establecerlo cada individuo. En todo momento, debemos resolver cada pregunta desde el interior y no desde fuera. Nadie puede decir cómo deben trabajar los demás. Cuídate del peligro de una autoproclamada autoridad; esta amenaza puede filtrarse en el Nuevo Pensamiento, como lo hizo en el Antiguo. *Nadie es su autoridad en nada.* Analicemos la filosofía de las negaciones. Encuentro que muchas personas las enseñan y las practican, y no deseo criticarlos de ninguna forma. Éste es su razonamiento: «Toda enfermedad es una imagen del pensamiento que se mantiene en la mente, hasta que aparece en el cuerpo». Es cierto que, sin la habilidad de pensar, el hombre no podría enfermarse. Si tiene un pensamiento enfermo, este pensamiento lo enfermará; cuando lo modifica y piensa en la salud, se cura. Se nos ha dicho que como la enfermedad es un pensamiento negativo, debe contrarrestarse con un pensamiento positivo, y que la mejor manera es negar la enfermedad y afirmar el pensamiento positivo, por ejemplo: «No existe la materia, y nada puede ser materia. Este hombre no tiene un estómago material; es espiritual, no material. Sus pulmones no están hechos de materia; son ideas espirituales. Yo niego que el hombre pueda estar enfermo, sufrir o morir». Todas estas ideas pueden ser correctas, pero existe la duda de que ésta sea la *mejor* manera. El hombre es una idea espiritual. Asimismo, debe ser perfecto en su naturaleza real. Si analizamos el procedimiento creativo del espíritu, se nos hace imposible que pueda caber la negación, ya que el Espíritu no reconoce nada opuesto a su propia naturaleza.

El Espíritu sabe que «*Yo Soy* y, a mi lado, nadie más existe». El Espíritu no niega nada, sólo afirma lo que desea ser. Como no ve ni reconoce nada opuesto a sí mismo, no encuentra la necesidad de la negación; por supuesto, este pensamiento no tiene que entrar en la mente; si trabajamos con el Espíritu, no tenemos que negar, sino declarar la actitud positiva de la mente, y entender que tratamos con el único poder que existe. Se encierra un peligro sutil en el uso de las negaciones; podemos llegar a usar la negación a tal grado que levantará una barrera o una montaña que debemos superar después. Una vez que comprendas que, sólo con hablar, Dios hace todo a partir de Sí Mismo, ya no tendrás que volver a usar negaciones en los tratamientos. Todo lo que necesita modificarse es el falso pensamiento y, al afirmar que tu palabra destruye todo menos a sí misma, podrás incluir todo lo que podrías lograr con una negación. Podemos ver que en los sistemas que enseñan negaciones los más avanzados han empezado a usar poco a poco el método afirmativo, y como éste representa el desarrollo de la experiencia, no puede existir duda de que es el mejor método. De algo podemos estar seguros: el Espíritu *nunca niega. Simplemente sabe que Yo Soy.*

Utiliza afirmaciones

La mejor arma del sanador es la afirmación; está alineada con la manera en que opera el espíritu creativo y representa el verdadero uso de la Palabra Todopoderosa. Sólo hace falta que afirmemos que nuestra palabra es la ley en el caso del que se trate, y que manifestemos con calma lo que deseamos que se realice. Después, no hay que hacer ni decir nada que lo contradiga, y esperar a que esa palabra se cumpla. Existe un poder que opera en lo que manifestamos, haciendo que suceda en nosotros; no debemos tener miedo de los resultados.

Si Mary Jones es mi paciente, sólo tengo que decir que la estoy ayudando, y trabajar desde mi interior para comprender que ahora ella es un ser perfecto, hecho a la imagen de Dios. Debo estar convencido de que estoy destruyendo toda la imperfección; cuando perciba dentro de mí que estoy diciendo la verdad y me dé cuenta de que ella es perfecta, la curación se llevará a cabo, en lo que a mí se refiere. Si ella recibe, se curará; yo no soy responsable de su receptividad. Has de saber que existe un poder que corresponde a su propia actitud mental, y te darás cuenta de que la manera en que crees, es lo que hace que las cosas sucedan. Siempre cree en lo que haces; nunca veas el lado negativo de la vida, nunca hables de eso ni escuches cuando otras personas lo hagan, y nunca pienses o notes la imperfección; así no tendrás problemas para hacer demostraciones.

La actitud más elevada de la mente

La actitud más elevada de la mente, aquella de la que surge todo lo demás, es una de perfecta calma y confianza absoluta en el Espíritu. El que puede mirar al futuro con una confianza perfecta, vivir el presente con una impecable tranquilidad, nunca mirar hacia atrás, porque ha aprendido a permanecer quieto dentro de su propia alma y a esperar al Espíritu, *él* es quien demostrará con más cabalidad la supremacía del pensamiento espiritual sobre la así llamada resistencia material. «Quédate quieto y sabe que *Yo soy Dios.*»

Resistencia pasiva

«No te resistas al mal, y éste se alejará de ti.» Se trata de la afirmación de una de las grandes leyes de nuestro ser. Cuando nos resistimos, creamos una imagen mental de aquello que combatimos, y esta imagen tiende a crearlo para nosotros. Cuando aprendemos a mirar sólo lo que deseamos y nunca lo que no deseamos, ya no opondremos resistencia ante nada. «Permítelo por ahora.» No es necesario que cambie el mundo. Déjalo en paz; todas las personas hacen lo mejor que pueden. Nadie necesita que lo salven, sólo tú lo necesitas, y cuanto antes te des cuenta, más rápido alcanzarás lo que buscas. Supera esa actitud «puritana». Es un delirio que sufren muchas personas, en especial las que integran el mundo religioso. El mundo está bien; no se está yendo al Infierno, sino que va de camino al Cielo. Su mejoría es tan rápida que, en el proceso, muchas cosas están de cabeza y sólo se aprecia confusión en la superficie. Se está dando un gran cambio y, en el exterior, los resultados todavía están un poco desordenados pero, por debajo, el poder destruye poco a poco todo lo que no se le parece. Con el tiempo, todos llegaremos a comprender esto. Hemos asumido una gran carga de responsabilidad que nunca debimos soportar.

Recuerda que en el Divino plan no existen errores y que, si Dios hubiera podido hacer mejor las cosas, las habría hecho de diferente manera. No hay almas perdidas, ya que todas «Viven, se mueven y tienen su esencia en Él» y «Dios no es un Dios de los muertos, sino de los vivos ya que, ante Él, todo tiene vida». Hemos creído en lo negativo durante demasiado tiempo, sólo porque hemos permitido que unos cuantos audaces nos hipnoticen, y son aquellos que le han impuesto a la raza humana un cúmulo de falsa filosofía.

Siéntete vivo

En el Nuevo Orden, no hay lugar para «los muertos». El metafísico auténtico está vivo para todo lo que sea útil. Ocupando su lugar en los sucesos de la raza humana, participa en toda esta labor y también en toda la diversión. El pesimismo debe relegarse a la basura. Entre los vivos, no hay lugar para los muertos. «Dejemos que los muertos entierren a sus muertos.» «Sígueme.» No dudes en entrar al juego de la vida; hazlo con una pasión y un entusiasmo que desborden vida. Llénate con el resplandor de una vida plena en poder y servicio.

Entonces, el mundo contemplará su luz.

Las personas que pertenecen al Nuevo Pensamiento deberían, más que otras, ingresar en el mundo de los negocios, comprometerse con vocaciones educacionales, con la política, con todo tipo de actividades para, desde ahí, probarle a un mundo que aguarda y que está cansado de sí mismo que un «hombre es un hombre». Con esta diferencia: no es un «hijo del hombre», sino un «Hijo de Dios».

Sé feliz

¿Cómo podemos aspirar a que el mundo vea lo bueno, a no ser que nosotros rebosemos alegría? El mundo actual tiene demasiadas caras tristes. Las vemos en todas partes, esa mirada resignada que parece decir: «Una negativa más no tiene importancia; estoy tan afligido que nada importa; puedo soportarlo». Esto estaba bien cuando pensábamos que todo iba mal, pero ahora que sabemos que «todo está bien con el mundo», debemos superar esta depresión que nos quita el poder de atracción para las cosas buenas de la vida y «entrar a formar parte de ellas».

El hombre que siempre está contento se rodeará de personas que son felices, y la vida será un deleite continuo. Con esto, no se le roba a nadie, no se forja una raza de irresponsables; se crea un mundo de alegría, un mundo en el que es bueno vivir.

Nadie desea asociarse con los muertos. La gente busca una expresión más abundante de vida, no la depresión o la búsqueda de errores. No encuentres errores en nadie y, más que nada, no encuentres errores en ti mismo. Supera el pensamiento de condenar a las personas y a las cosas. Las personas y las cosas están bien; déjalas en paz y disfruta la vida.

Tu entorno se alegrará y tú contagiarás ese ánimo a las personas que se encuentren cerca y, así, llegarás a ellas una nueva vida. Desborda optimismo.

Según puedo percibir,
creo con toda seguridad

que cuando un hombre es totalmente feliz,
Dios está complacido con él,
y, seguramente, tú también lo estarás.

Vive en el presente

Para nosotros, la vida es hoy. Mañana nada cambiará, a no ser que realicemos el cambio el día de hoy. Hoy ponemos en movimiento el poder del mañana. Hoy es el día de Dios, y debemos extraer al día el tipo de vida que vamos a vivir. En el curso divino de los eventos, el mañana cuidará de sí mismo. El alma que aprende a vivir el hoy con inmensa alegría nunca se cansará de la vida; descubrirá que vive en un eterno aquí y ahora. Ahora, todo lo bueno es suyo; ahora, toda la vida, la verdad y el amor son suyos; ahora, ha ingresado y todas las cosas buenas de la vida son suyas el día de hoy.

Señor, yo no rezo para las necesidades del mañana;
ayúdame a hacerlo sólo por el día de hoy.

Permite hoy que tu alma cante y será muy dulce la canción que surja mañana, sonará sobre los horizontes del tiempo con una inconfundible claridad. Aquí se encuentra un alma que se conoce a sí misma y que ha encontrado la vida en su interior, que el día de hoy ha hallado a Dios. No más esperas, no más añoranzas, no más agotadores caminos que recorrer. Ya ha llegado. Se ha alcanzado la meta y al fin ha llegado la paz. El día de hoy.

Ve lo bueno en todas las cosas

Aprende a ver a Dios en todas las manifestaciones, en todas las personas, a través de todos los eventos. La gente común ve sólo una masa de materia. No sucede así con el alma que ha tomado conciencia. El alma consciente observa cómo trabaja la Mente Divina en todas las cosas, convirtiendo en expresión lo que Ella siente que es la vida, el color, la forma y la belleza. Algunos ilusos proclaman que lo que ven es falso y que el llamado universo material no es real. ¡Qué gran error! Lo que vemos es el cuerpo de Dios, pleno, libre, completo, íntegro.

> Para él, una prímula a la orilla del río,
> era sólo una flor amarilla,
> y no era nada más.

Nunca percibió la idea que había detrás; sólo observó materia, materia, materia y, sin embargo, lo que podría haber visto era el pensamiento que Dios tenía de él brotando con una extraordinaria belleza, forma y color; el Infinito manifestándose en una ilimitada variedad de formas. ¿Qué observas cuando contemplas la forma humana? ¿La gloria coronada de la creación perfecta de Dios? ¿Materia, materia, materia? ¿Carne, sangre y huesos? Es cierto que éstos pueden estar convirtiéndose en expresión, pero ¿qué sucede con la idea? ¿Qué sucede con la realidad del cuerpo? Nuestro cuerpo es tan real como Dios es real. No sería así si se tratara de una ilusión. El solo roce de la carne debería enviar un estremecimiento a través de todo el cuerpo, elevando su vibración a una energía mayor, a una forma más delicada. El cuerpo no es una «masa de contaminación», es el templo del *Dios viviente* y así debe pensarse en él. Lo hemos condenado durante demasiado tiempo y ahora debemos liberarlo, revirtiendo el proceso. De todas las cosas que existen sobre la tierra, el cuerpo humano es la más bella, la más maravillosa y lo que más se parece a Dios.

«Si no amas a tu hermano, a quien has visto, ¿cómo puedes amar a Dios, a quien nunca has visto?» El magnetismo humano no es hipnotismo, es la divinidad del hombre en expresión; y cuando aprendamos a convertir la pasión humana en amor divino, a transmutar lo inferior en lo más elevado, habremos conseguido un poder de atracción que nada podrá resistir.

«El que tenga oídos que escuche.»

Deberíamos observar el maravilloso pensamiento de Dios al contemplar un bello amanecer, sentir el resplandor de su presencia. Deberíamos advertir la fuerza del Espíritu en la solidez de las montañas; y, al percibir todas las cosas como ideas espirituales, deberíamos aprender a amarlas, porque Dios las ha creado y nos las ha entregado para que las usemos. El alma que en éxtasis puede subir a un árbol y abrazarlo descubre más a Dios que todos los fanáticos sacerdotes que han existido. El que puede aspirar la brisa del mar con deleite siente más la presencia del ser divino que aquel que se arrodilla desesperado ante un temible Dios de Justicia.

Aprende a sentir aprecio por la naturaleza y por el Dios de la naturaleza. Pasa más tiempo al aire libre, contempla las estrellas, permite que sean tus compañeras. Recorre las inexploradas rutas de los árboles y de los bosques colosales y percibe a Dios en todo lo que miras, el Dios que se encuentra en todas partes.

Mantente esperanzado

Ten la esperanza de que siempre va a sucederte lo mejor. No te sientes a esperar problemas; no tengas nada que ver con esta actitud. Esto no forma parte del divino plan. Se trata de una ilusión con significado material. Alguien que ha aprendido a confiar no se asombrará, incluso cuando descubra que las cosas provienen de las fuentes más inesperadas. Todo le pertenece al hombre para que lo use y luego lo deje ir. ¿Qué más podemos pedir? No deseamos tener nada que tengamos que conservar; las cosas son para usarlas, no para aferrarse a ellas. Ten la seguridad de que todo se cruzará por tu camino. Si deseas atraer cosas desde la puerta del almacén del infinito, siéntete alegre y satisfecho. Abre toda tu conciencia a las inmensas posibilidades de la vida. Alinéate con las cosas grandes. Cuando pronuncies la palabra, espera que ésta ocurra. Ten la certeza de que las cosas deberán suceder como tú lo dices. No te engañarás a tí mismo, sólo estarás empleando la ley como debe usarse.

Expande tu pensamiento

Todo nos llega a través del uso de nuestro pensamiento. Si nuestro concepto de la vida es pequeño, siempre haremos cosas pequeñas. En el ciclo creativo, primero está la Palabra, pero la Palabra no puede llevarnos más allá de las confirmaciones de nuestra conciencia. No creceremos, a no ser que expandamos nuestro pensamiento de una manera constante. El crecimiento es la ley de la vida y es necesario. No podemos quedarnos estáticos. Si deseas hacer algo nuevo, practica un nuevo pensamiento y obtendrás el poder de atracción que necesitas para llamar a las circunstancias que harán posibles tus deseos. Supera la antigua idea de la limitación.

Vence todos los antiguos esquemas y ubícate en el nuevo orden de las cosas. Si deseas construir un ferrocarril, nunca lo harás si no superas la idea de que a lo más que puedes aspirar en tu vida es a vender cacahuetes. Deja que los que piensan en cacahuetes sean quienes los vendan. Sal de la ruta preestablecida. Dios te creó para tener un futuro glorioso; atrévete a mentalizar grandes convicciones sobre ti mismo.

El poder del tratamiento

Un tratamiento tendrá tanto poder como el que le demos a la palabra cuando la pronunciemos al aplicarlo. Esto no significa que creemos confusión en nuestra mente, que manejemos la determinación o empleemos fuerza desde el punto de vista material. Significa saber que lo que decimos se hará en nosotros a partir de un Poder que puede hacer cualquier cosa que se le dicte. Hay que tener la convicción de que nuestra palabra destruye toda ley material, y libera al paciente para que exprese a Dios. Debemos aprender que la palabra perdurará, aunque falle todo lo demás. «El cielo y la tierra pasarán, pero mi palabra no pasará.» Pronuncia la palabra y espera la ley perfecta, con una fe absoluta y una confianza serena. Llega a esa actitud mental que nunca duda. Ten la seguridad, y sucederá.

Repite el tratamiento

Un tratamiento debería curarlo todo, si no fuera porque las personas reciben muchas veces falsas sugerencias de la vida exterior. Con esto en mente, debemos intentarlo hasta conseguir resultados, y confiar siempre en que se producirán de inmediato. Todos los tratamientos deben estar completos y, al finalizarlos, siempre debemos darnos cuenta de que han sido terminados.

La mente que sabe pronuncia la palabra una vez y es recibida de inmediato por la Mente en que vivimos. Esta Mente empieza a crear alrededor de la palabra, la cual es la semilla, aquello en lo que pensamos. Debemos pronunciar esa palabra con autoridad. No se puede tener dudas acerca del resultado. Cuando plantamos una semilla en la tierra, la regamos y la cuidamos, y nunca ponemos en duda que va a crecer una planta. Lo mismo sucede con la palabra. Sobre ella actúa un poder que no podemos ver, pero no hay duda de que ese poder está ahí, ya que todos los que han recurrido a Él han obtenido resultados. Como dijo Thomas Edison: «Aquí está la electricidad; úsala», así decimos nosotros: «Aquí está la Mente; usadla». Recuerda siempre que tu pensamiento es la manera en que aplicas el tratamiento, ya que es la manera en que piensas.

Cura impersonal

La sola presencia de alguien que comprende la verdad tendrá un gran poder de curación. La razón es que todos estamos en la Mente y, en todo momento, tenemos nuestro pensamiento con nosotros, y como toda manifestación es el resultado de la mente en acción y somos seres pensantes que siempre hacemos actuar a la mente, la sola presencia de nuestro pensamiento ejercerá algún poder sobre lo que estamos pensando. Tratamos con un poder que es ilimitado en sí mismo. Somos nosotros quienes lo limitamos, y así no podrá ser importante para nosotros. Este poder es el mismo que creó los mundos, y no puede percibir ninguna limitación. «No pudieron entrar a causa de su incredulidad y porque limitaron al Santo de Israel.» Deja de poner limitaciones a las cosas. Éstas son tan grandes como nosotros las hacemos, ni más, ni menos. Siempre hay lugar en la cima. Colócate arriba de todo y atrévete a dominar la tierra. Todas las cosas nos son dadas para usarlas; úsalas. Todo es ilimitado, y debemos comprender la verdad de que el error no está en la Ley, sino en nosotros mismos cuando fallamos. No en Dios, sino en el hombre. *Atrévete, Atrévete, Atrévete.*

Piensa en la grandeza de las cosas en el universo, piensa en la cantidad de granos de arena, en la profusión de toda la vida, y nunca vuelvas a limitar nada. *Todo es tuyo para que lo uses.* Jesús nunca habría sido Cristo si no hubiera tenido el valor de decir: «He aquí, *yo soy el que buscan*». Si no eres capaz de decir hasta cierto punto lo mismo, nunca podrás conseguir lo que buscas.

Debemos aprender a crecer y a tomar todo lo que ha sido creado para nosotros, una vida superior, todo lo bueno. Las personas dicen: «Sí, pero ¿cómo se hace?». Sólo debes saber que, al pronunciar la palabra, Dios crea todo a partir de Sí Mismo y que, en tu propia vida, tú también lo puedes hacer. Todas las personas pueden pensar y hablar, al menos mentalmente; esto es todo lo que necesitas para empezar. La palabra se encuentra en el centro de toda la creación y constituye su causa primera, el punto de inicio de todo lo que ves. La palabra está en tu propia boca y, todo lo que tienes que hacer es pronunciarla. El problema es que pronunciamos la palabra y, al momento, negamos su poder diciendo algo que la contradice. Si la palabra es la manera en que Dios crea, es entonces la manera correcta. Si funciona para Dios, ¿no funcionará para nosotros? Hasta el momento, nuestra palabra es imperfecta; pero se irá perfeccionando cada vez más, para que la condición externa pueda ponerse en marcha de acuerdo con la palabra interior. Todas las palabras tienen tanto poder como les damos al pronunciarlas. «La palabra ya se encuentra en nuestra boca.» Esa palabra es todo lo que necesitas para atraer felicidad, salud y éxito.

¿Deseas vivir en un mundo perfecto, habitado por amigos que te amen, rodeado de todo lo que es bello y agradable? ¿Quieres obtener todo lo bueno de la vida? Sólo existe una manera de lograrlo y es tan seguro como que el sol brilla. Olvídate de todo lo demás y piensa sólo en lo que deseas. Controla todos los pensamientos que nieguen lo real y, así como la neblina desaparece ante el sol, toda la adversidad se desvanecerá ante el brillante resplandor de tu propio pensamiento elevado.

El hijo pródigo así permaneció, sólo mientras él lo quiso. Cuando tuvo el pensamiento de volver, fue recibido por el Padre con los brazos abiertos. De la misma manera, descubriremos que, cuando nos volvemos a la palabra que es perfecta, habrá algo que lo haga con nosotros, y contemplaremos el nuevo cielo y la nueva tierra; no en un lejano lugar más allá de las nubes, sino que seremos libres aquí y ahora.

Debemos deshacernos de todo lo que obstaculiza el verdadero crecimiento, de todos los pequeños pensamientos que nos impiden transformarnos. La lucha humana surge cuando pensamos que no tenemos lo suficiente a nuestro alcance. Olvídalo; ni siquiera podemos usar lo que vemos, y lo que no vemos es infinito. No robarás a nadie al hacerte próspero, y las leyes de este estado del ser son simples y sencillas de comprender; no le será difícil obtenerlas al que esté dispuesto a deshacerse del estado negativo del ser.

Prosperidad

He aquí algunas reglas sencillas para la prosperidad que funcionan con tanta seguridad como que el agua está mojada. Primero, recuerda que nada sucede por casualidad. Todo es ley y todo es orden. Cada vez que piensas, creas tus propias leyes. Existe algo, llámalo como quieras, pero existe un Poder a tu alrededor, que sabe y comprende todas las cosas.

Este Poder funciona como la tierra; recibe la semilla de tu pensamiento y de inmediato empieza a trabajar sobre ella. Recibirá lo que tú le brindes, lo creará para ti y te devolverá cualquier cosa en la que hayas pensado.

Esto significa que el practicante de metafísica deberá tener siempre mucho cuidado con lo que piensa. Tratamos a nuestros pacientes no sólo en los momentos de profundo silencio; más que eso, tal vez los tratamos en todo momento de manera impersonal. Cuando tratemos a un paciente y lo traigamos a nuestro pensamiento, durante todo el tiempo que esté a nuestro cuidado habrá una corriente constante de conciencia fluyendo hacia él. Tenemos que cuidar nuestros pensamientos, mientras comprendemos las profundas verdades de la acción y reacción mental.

¿Qué es la mente espiritual?

¿En qué consiste la verdadera espiritualidad? Muchas personas se han preguntado esto y lo han respondido. Yo no pretendo saber más que nadie sobre este tema tan importante, pero para la persona pensante que ha llegado a comprender que todo es amor y que, al mismo tiempo, todo está regido por la ley debe haber una respuesta diferente a la que escuchamos por lo general.

La persona religiosa promedio piensa que la espiritualidad debe manifestarse de alguna manera antinatural, como la de renunciar a todo placer personal y resignarse ante lo que suceda, que debemos despojarnos de casi todo lo que la vida nos ofrece aquí, que en algún futuro lejano, a lo mejor lo disfrutaremos. Éste no es el caso de Jesús, el hombre. Existen más relatos de su asistencia a fiestas, bodas y reuniones de este tipo que a otros lugares. Su primer milagro lo realizó en un banquete de bodas, y debemos recordar que ahí incluso convirtió el agua en vino, para el beneplácito de los invitados a la fiesta. A lo mejor nos hemos equivocado respecto a lo que significa la verdadera espiritualidad.

Otras personas piensan que debemos tener un estilo de vida apartado para alcanzar lo que buscamos. Tal vez esto sea verdad para los débiles. Pero ¿qué sucede con el bosque? ¿Con las calles transitadas? ¿No serán salvados también? Jesús pasó mucho tiempo con la gente común, pero también con los ricos. Y es seguro que también pasó mucho tiempo solo con el Espíritu.

En todo caso, ¿qué es el Espíritu? Todos responderemos: «Por supuesto que es Dios». ¿Dónde está el Espíritu? Está presente en todo momento y en todo lugar. *La verdadera espiritualidad debe significar simplemente llegar a darse cuenta de la presencia de este Espíritu.* Debe ser llegar a depender del Espíritu más que de otra cosa. Por lo tanto, el que es más espiritual es el que *depende más; eso es todo.* No importa dónde se encuentre, debe depender, debe confiar, debe creer. A nada tenemos que renunciar, excepto al pensamiento y a las acciones negativas. No deseamos hacer nada que contradiga la marcha del Espíritu hacia delante, así que todo lo que pensemos y hagamos ha de estar alineado con lo que es correcto. Pero ¿quién dice lo que es correcto y lo que no lo es? *Recuerda esto siempre: sólo tu propia alma podrá decir lo que está bien y lo que está mal.* «Sé honesto contigo mismo y, al igual que la noche le sigue al día, no podrás ser falso con los demás.» No busques que nadie te guíe. Es como si «un ciego guiara a otro ciego». El Todopoderoso ha depositado la verdad en su alma; búscala ahí y sólo ahí. Muchas personas piensan que un hombre espiritual debe tener el rostro pálido y poseer una especie de verdad lejana, que debe ser peculiar en su aspecto o en su manera de vestir.

Para el que conoce la verdad, tanto el elogio como la reprobación suenan igual pero, desde el punto de vista humano, existen algunos que no pueden evitar divertirse con la manera en que el mundo juzga la verdadera espiritualidad. Mi idea de la verdadera espiritualidad es que el hombre debe vivir una existencia del todo normal, involucrándose y disfrutando todo lo que es bueno y limpio en la vida. Debe colocarse por completo bajo la guía divina. Por otro lado, lucir como cualquier otra persona, ni mejor, ni peor. Supera todo tipo de pensamiento antinatural y recuerda que todo es bueno. No critiques ni condenes a las personas o a las cosas. Tú serás espiritual mientras confíes en el Espíritu, en todo momento, en cualquier lugar, bajo todas las circunstancias. Para hacerlo, no tienes que recluirte del mundo. Si lo haces, sería una abierta confesión de tu propia debilidad e incapacidad. Hay momentos en los que es mejor estar solos con el Poder. Es en esos momentos en los que reunimos la fuerza. Sería un egoísmo puro conservar esta fuerza sólo para nosotros. Camina, habla, vive con la raza humana, mano a mano con todas las personas y, unificado con todos los sucesos, vive, ama y aprende. Vive de una manera natural y normal. Si buscas hacerlo de otra forma, deberás volver a hacerlo, ya que nadie vive o muere en sí mismo, sino en todos los demás.

La iglesia de Dios

La iglesia de Dios no está construida con las manos, es eterna en los cielos; no se ilumina con velas, está hecha en el cielo e iluminada con las estrellas del pensamiento luminoso de Dios, y cada miembro en su propia estrella, «atraerá las cosas como las percibe, como el Dios que percibe las cosas tal como son». En la iglesia de Dios, todos reconocen al Dios que se encuentra dentro de sus propias almas y buscan y no encuentran a otro Dios. Una vez que puedas percibir toda la creación como el trabajo perfecto de un Dios perfecto, te convertirás en miembro de esta iglesia. Dudo mucho que la iglesia universal admita miembros de la iglesia individual. Cuando puedas ver en el pecador y en el santo a una sola persona, cuando te des cuenta de que el que se arrodilla ante el altar y el que se cae borracho en la calle son la misma persona, cuando puedas amar a uno igual que amas al otro, no hay duda de que reunirás las condiciones para entrar. Como están las cosas en este momento, tenemos demasiados predicadores que no comprenden, que no tienen un propósito; tenemos demasiadas oraciones, demasiados credos, demasiados maestros que no tienen un mensaje; tenemos demasiadas iglesias, demasiados «eruditos», y muy pocos *pensadores*. «El Reino de los Cielos no llega con la observación.» Es la «vocecita queda» dentro del alma la que habla. El pensamiento expandido nunca deseará unirse a nada, ni que se unan a él. Nada humano puede contenerlo. Siente la limitación de la forma y de la ceremonia y desea la libertad del Espíritu, la grandeza del aire libre, al Gran Dios de todas partes. Solo en el desierto, en el bosque o en el mar agitado, al contemplar las estrellas, el hombre pronuncia estas palabras: «Sólo yo con mi Creador».

La ruta de la prosperidad

La cura de las condiciones que te rodean es igual a otras curaciones. Toda curación es el uso constructivo de una ley mental que el mundo está empezando a comprender. Una vez más, debemos reiterar el principio de toda la vida. Estamos rodeados por un medio pensante del que provienen todas las cosas. Pensamos en este medio y él hace el resto. Como somos seres pensantes y no podemos dejar de pensar, y como la Mente Creativa recibe nuestro pensamiento y no puede dejar de crear, siempre debe estar haciendo algo para nosotros. Cualquier cosa que sea depende única y absolutamente de lo que pensemos en ese momento, y lo que atraigamos dependerá de que excluyamos de nuestro pensamiento todo lo que pueda contradecirlo. No es suficiente con decir: «Soy uno con la Vida Infinita». Esto significa más que sólo palabras; debe sentirse, debe convertirse en la personificación de una actitud mental positiva. No significa que al afirmar algo, ese algo tenga que ocurrir; no se trata de enviar un anhelo, un deseo, una súplica o una plegaria; ha de ser la personificación de aquello que se sabe que *ahora es*. Es más que tener un pensamiento. Nuestra habilidad para atraer dependerá de la magnitud de nuestro pensamiento al sentir que fluye hacia un gran Poder Creativo Universal. Estamos lidiando con la forma en pensamiento y no con la forma en materia. Hemos aprendido que cuando obtenemos la verdadera forma en pensamiento y la impregnamos con el espíritu de la fe, veremos que el pensamiento se hace carne, sin que tenga que existir otro esfuerzo de nuestra parte.

El pensamiento puede atraer a nosotros sólo aquello que personificamos primero en la mente. No podemos atraer lo que no somos. Podemos atraer al exterior sólo lo que mentalmente hayamos personificado primero en el interior, eso que se ha convertido en parte de nuestro maquillaje mental, en parte de nuestra comprensión interior.

Un hombre que va a dedicarse a un negocio en particular atraerá hacia él aquello en lo que más piensa. Si es un barbero, atraerá a personas que quieran que las rasure o que les corte el cabello. Si vende zapatos, atraerá a personas que deseen comprar zapatos. (Consulta *Atraer la riqueza y el éxito con la mente creativa*, por el autor de este libro.) Así sucede con todo; no sólo lo haremos, sino que también atraeremos todo lo que personifiquemos mentalmente. En el estudio de la metafísica, a menudo pasamos esto por alto. No es suficiente con decir que atraemos aquello en lo que pensamos; *nos convertimos en lo que pensamos,* y atraemos aquello en lo que nos convertimos.

No lleves esta idea a lo sentimental. Tu vida está regida por algo más que un sentimiento; está regida por la ley, por algo que no puede romperse, por algo que recoge todas y cada una de las actitudes mentales y hace algo con ellas.

Esta proposición fundamental de la ley debe determinar nuestras circunstancias. Recuerda siempre que las determina mientras pensamos. No discute, hace justo lo que deseamos, mientras lo pensamos. Ahora bien, ¿cómo pensamos? Nunca le preguntes a un paciente cómo se siente; pregúntale cómo se siente hoy. Esto es lo único que importa. ¿Qué pensamos sobre la vida y sobre nuestras condiciones? ¿Recibimos la sugerencia de la raza humana? ¿Afirmamos que no tenemos suficiente a nuestro alcance? Si lo declaramos, es que lo creemos y existe algo que se encargará de que se convierta en parte de nuestra expresión. La mayoría de las personas, a través de la ignorancia de las leyes superiores de su ser, sufren por los pensamientos que les impone un mundo negativo e incierto. Los que estamos exigiendo el uso de la ley mayor debemos emanciparnos de todo sentido de limitación. No va a regirnos la confusión externa, sino la comprensión interior. No vamos a juzgar la vida por la manera en que las cosas se han hecho en el pasado, sino por la manera en que el Espíritu hace las cosas.

El camino del Espíritu

Repitamos una vez más que el Espíritu crea convirtiéndose en lo que piensa. No existe otra manera en que pueda funcionar. Como lo es todo y no existe otro, el pensamiento de fuerzas opuestas nunca entra en su operación mental; cuando juzgamos desde el exterior, no estamos alineados con el poder que deberíamos emplear. Tenemos que llegar a comprender que sólo existe *Un Poder* y que lo estamos tocando en todos sus puntos, ya que no existe un poder de la pobreza y un poder de la prosperidad. Es el uno convirtiéndose en muchos; hace y deshace para que pueda aparecer una forma superior y para expresarse a través de ella. Todo lo que no está en línea con su movimiento hacia delante pronto pasará, puesto que no reconoce lo opuesto. En lo que a nosotros concierne, lo que somos y en lo que vamos a convertirnos, depende de lo que pensamos únicamente, ya que ésa es la manera en que usamos el poder creativo. Mientras más nos alejemos del pensamiento que tenemos que crear, más rápido podremos trabajar en línea con el Espíritu. El hombre siempre utiliza; nunca crea nada. Toda la inteligencia de la raza humana junta no podría crear ni un solo botón de rosa porque no sabe lo suficiente. Pero nuestro más ínfimo pensamiento a la deriva en la mente produce el mismo poder que hace que todas las cosas creen para nosotros. El gran error humano es y siempre ha sido que los hombres han pensado en darle una razón física a las cosas. Cuando la razón no ha respondido a los problemas de la vida, el hombre ha buscado otra razón, yéndose a una misma forma física. Cada generación ha encontrado una razón diferente; ésta es la prueba de que han estado equivocados. Cuando se descubra la verdad, también se descubrirá que la verdad nunca cambia para satisfacer el capricho humano. Este concepto puede probarse debido a que todo lo que la raza humana ha descubierto respecto a la auténtica verdad nunca ha cambiado. La verdad que les fue revelada a los profetas de la antigüedad nunca ha cambiado; hoy es la misma que hace mil años. Aquel que toca la verdad, no importa en qué generación lo haga, siempre obtendrá la misma respuesta. La gran verdad que fue revelada desde los tiempos de Moisés hasta la época de Jesús es la misma verdad que será revelada a todos los que la acepten. Simplemente es ésta: ahora vivimos en un universo espiritual regido por leyes mentales de causa y efecto. Moisés la apreció sobre todo a partir de la ley de causa y efecto, es decir, la ley del ojo por ojo. ¿Qué significa esto? Jesús lo explicó cuando dijo: «Lo que un hombre siembra, es lo que cosecha». Moisés vio la ley. Jesús no sólo observó la ley («No he venido a destruir, sino a cumplir»), sino que detrás de la ley, percibió su razón de ser y reveló al Gran Dador de Leyes, refiriéndose al Dios de amor que despliega los grandes conceptos interiores de

Su propio ser en armonía y belleza, lleno de paz, haciendo que el sol brille igual tanto para los justos como para los injustos. Jesús no trató de suprimir el uso de la ley; Él comprendía toda la ley y sabía que estaba bajo Su mando. Él no infringió la ley, sino que la cumplió. Por lo tanto, debemos descubrir que todo está bajo nuestro control, a través de estas mismas leyes. El hombre que comprende la ley y se sujeta a ella no tendrá dificultades para demostrar que es tan válida para él como para cualquier otra persona. ¿Cuáles son entonces las leyes fundamentales de la prosperidad? Ésta es la primera y no debemos tratar de violarla: «No tendrás otros Dioses además de Mí». Este Mí es el Espíritu. Por lo tanto, debemos confiar únicamente en la actividad del Espíritu para todo lo que necesitemos. Pero el mundo dirá: «Las cosas humanas provienen de formas humanas». Esto puede ser cierto, pero entendamos que se trata del poder que también tiene a todas las personas y a todas las cosas dentro de su propia mente. No tenemos que tratar a las personas; lo que tenemos que hacer es personificar el principio. El principio puede usar a las personas, pero eso no forma parte de nuestra responsabilidad. En última instancia, todo es Espíritu y el Espíritu que constituye el comienzo es también el fin de toda manifestación. «Yo soy el Alfa y la Omega.» Nuestra vida entonces será regida por el Espíritu. No tenemos que buscar más. El Espíritu hará por nosotros todo lo que le pidamos, siempre y cuando lo creamos. ¿Por qué no lo ha hecho? La respuesta es que ya lo hizo, pero no lo hemos recibido. El Espíritu puede ofrecer, pero debemos aceptar el regalo antes de que se nos otorgue. «Mirad, yo estoy a la puerta y llamo.» Debemos comprender que esta recepción es un proceso mental, un proceso de aceptación mental.

Por consiguiente, la manera en que usamos la mente a través de nuestro pensamiento es la misma manera en que llamamos a la prosperidad. Es tan sencillo y, a pesar de todo, ¡todavía no lo hemos comprendido! Si un hombre dice: «No tengo», no recibirá; pero si dice: «Tengo», recibirá. «A aquellos que tienen, se les dará y a aquellos que no tienen, se les quitará incluso lo que poseen.» Ésta es una afirmación velada de la ley de causa y efecto. Cuando se envía a la mente el pensamiento de no tener, ésta acepta la idea y quita incluso lo que se posee. Invierte el proceso y di: «Tengo», y, de inmediato, se pondrá a crear para ti aun más de lo que ahora tienes. Podrás darte cuenta con facilidad de que no estás manejando dos poderes, sino uno solo que opera a través de tu propio pensamiento y que hace para todos nosotros lo que creemos.

El nivel de conciencia

Como todo es conciencia, y obra sobre nosotros tal como lo pensamos mentalmente, toda la vida es justo una ley de pensamiento, una actividad de la conciencia. En nuestra vida, el poder fluye a través de nosotros. Si ofrecemos una buena receptividad, hará algo grande; si, por el contrario, sólo creemos en pequeño, la actividad será pequeña. El Espíritu puede hacer por nosotros sólo aquello que pueda realizar a través de nosotros. Si somos capaces de dotar la conciencia, podrá hacer el regalo. Pocas personas tienen una conciencia mayor, y esto explica por qué sólo destacan unos cuantos. El poder que se encuentra detrás de todo no tiene límites, es todopoderoso; tiene que convertirse en lo que nosotros hacemos de él. Llevamos dentro de nuestra alma la llave de toda expresión, pero pocos son los que entran. La puerta no se ve con ojos físicos y son pocos los que han logrado la habilidad de observar; la mayoría solamente ve. Para poder comprender que, aunque el poder que es ilimitado, debe operar a través de nuestro propio pensamiento debemos descubrir que no necesitamos otro poder mayor, sino una comprensión más profunda de la vida, un sublime concepto del ser. Debemos unificarnos con la gran totalidad. El hombre que se atreve a lanzar su pensamiento hacia la inteligencia universal con la positiva seguridad de que sabe, y a reclamar todo lo que existe, descubrirá que así será. Dios respetará su petición. Por otro lado, el que teme hablar con Dios para no ser castigado se encontrará eliminado de la ley, no porque Dios esté enojado, sino porque todo sucede según lo cree.

Tenemos el derecho a poseer y, en esta vida, debemos tener todo lo que signifique comodidad y lujo. ¿Qué importa lo que tengamos si, para obtenerlo, no se lo quitamos a nadie? ¿No es verdad que el Poder que se esparce a Sí Mismo tan espléndidamente en la naturaleza nos da Su expresión más elevada, todo lo que le pedimos? Deshonramos a Dios cuando no le pedimos todo. No podremos esperar grandes resultados hasta que seamos capaces de expandir nuestro pensamiento, hasta que también podamos decir: «*Yo soy*».

El alma que conoce su propia Divinidad es el alma grande, y es ante la que todo lo demás debe doblegarse; todo ha de depender de ella. Amplía tus procesos de pensamiento. Deshazte de los pequeños pensamientos personales de las cosas, y atrévete a pensar en todo en términos universales. El universo funciona con cosas buenas y aquí está para ti, pero debes creer, y entonces tomarlo. ¿Te atreves a creer que tu palabra es invencible? Cuando la pronuncias, ¿cómo te sientes? Es ilimitada, es todopoderosa, es todo poder otorgado en el cielo y en la tierra. ¿Eres tú el único poder que existe? Hasta que puedas responder sí a todas estas preguntas y no sólo creerlas, sino saberlas, no podrás conseguir algo. Es inútil hacer una demostración con una actitud de súplica para obtener las cosas; es como si se suplicara que el agua estuviera mojada o el fuego caliente. Las cosas existen, debemos tomarlas. Tu palabra sólo tiene el poder que tú le aplicas, ni más ni menos. Somos responsables de cada una de las palabras que pronunciamos, porque todo constituye la acción y la reacción de la mente. El hombre es su propio cielo y su propio infierno.

Cuando iniciamos una nueva empresa, nos preguntamos qué oportunidades de éxito tendremos. ¿Hemos comprendido que lo exterior es sólo la manifestación de lo interno? Cuando vamos a un lugar nuevo, sólo tenemos lo que llevamos con nosotros. Si hemos llevado éxito, encontraremos éxito; si, por otro lado, hemos llevado fracaso, encontraremos fracaso. Ésta es la ley; nadie puede evadirla, nadie debe intentarlo. Cada alma viviente es una ley dentro de su propia vida. «No existe otra ley que la que mi propia alma ha establecido.» En el camino del alma, sólo puede existir aquello que el alma atrae.

Prácticas para la prosperidad

La prosperidad se encuentra en nuestras manos para que hagamos con ella lo que queramos, pero nunca la alcanzaremos hasta que aprendamos a controlar nuestro pensamiento. Sólo debemos ver lo que deseamos, sin permitir que se filtren otras cosas. Si deseamos actividad, debemos ser activos en nuestro pensamiento, debemos ver actividad y expresarla en todo lo que hagamos. La palabra pronunciada hará que suceda. Al pronunciar la palabra, el Poder al que le hablamos hace que suceda. Sólo podemos pronunciar la palabra que comprendemos, la actividad corresponderá a nuestros conceptos internos: si son grandes, los resultados serán grandes. Lo que hay que hacer es unificarnos con todas las ideas más grandiosas que podamos abarcar; y, al comprender que nuestras ideas rigen nuestro poder de atracción, siempre estaremos expandiéndonos dentro de nosotros mismos. Debemos comprender nuestra complacencia con Todo el Poder y saber que nuestra palabra hará que suceda lo que deseamos. Pronunciamos la palabra y las cosas suceden. Al ir creciendo la conciencia, se manifestará en mayores oportunidades y en un mayor campo de acción. La mayoría de las personas piensan en función de poderes universales.

Cuando hables, siente que estás rodeado de todo el poder que existe y nunca dudes que se hará realidad lo que tú dices.

Debemos decirle a la mente todo lo que deseamos, y creer que así será. Nunca pierdas el tiempo en escuchar a aquellos que dudan. Nos hemos dado cuenta de que su filosofía no ha hecho gran cosa para salvar al mundo o a ellos mismos. Una vez más, dejemos que los muertos entierren a los muertos, manteniendo en nuestro pensamiento lo que deseamos y dejando ir todo lo que sobra. Piensa nada más en lo que quieras que suceda y nunca te permitas ser flojo y apático mentalmente; no aceptes las sugerencias de pobreza y limitación. Contémplate con el empleo que deseas, reflexiona sobre esta idea y pronúnciala con la absoluta seguridad de que ya se concretó. Después, olvida el asunto y confía en la ley. Esto responderá a todas las necesidades. Si quieres hacerlo por alguien más, todo lo que tienes que hacer es pensar en esa persona y seguir el mismo proceso de acción en la mente. Estarás enviándole la verdad y, como la mente siempre es activa, no va a contradecir lo que tú has dicho.

Recuerda que puedes esperar resultados hasta que mantengas sólo una idea, sin mezclar pensamientos en tu mente. Todo es tuyo, pero debes tomarlo. La aceptación es siempre un proceso mental; es creer absolutamente. Éste es el principio divino.

Conclusión

El principio en sí mismo es sencillo; sin embargo, es infinito: se trata de la Mente Infinita y de su manifestación. Vivimos en un universo espiritual regido por el pensamiento, o la palabra que primero se convierte en ley; esta ley crea lo que llamamos materia. Jesucristo percibió la verdad sobre los principios espirituales, más que ningún otro hombre, y proclamó el reino eterno de la ley y la comprensión como un reino absoluto, completo y perfecto. Él descubrió que la ley operaba a través de su propio pensamiento y del poder de su propia palabra. Y cuando tú y yo dejemos de buscar fuera de nosotros mismos y comprendamos que el poder y la verdad que podamos poseer deben fluir a través de nosotros, cuando empecemos a interpretar nuestra naturaleza, comenzaremos a entender a Dios, a la ley y a la vida. Sólo hasta entonces.

Vivimos, nos movemos y tenemos nuestro ser en lo que llamamos una Mente Infinita, una Mente Creativa Infinita, también infinitamente receptiva, operativa, omnipotente, que todo lo sabe; y hemos aprendido que esta mente nos impulsa desde todos los ángulos, fluye a través de nosotros y opera por medio de lo que pensamos. La raza humana, que ha ignorado las leyes de esta Mente y el poder de su pensamiento, ha hecho un mal uso y ha abusado del poder creativo del pensamiento, atrayendo aquello que tanto ha temido. Es verdad, porque todo lo que pensamos es ley, y toda ley es mente en acción, y la palabra que tú pronuncies hoy será la ley que rija tu vida el día de mañana, ya que la palabra que pronunciaste ayer, ignorante, inocente, consciente o inconscientemente, es la que rige tu vida el día de hoy. Como metafísicos, no tratamos con un universo material, ni negamos un universo manifiesto; estamos seguros de que la manifestación es el resultado de la actividad interna de la mente; y si deseamos obtener una manifestación concreta, debemos generar una actividad interna concreta. *Por lo tanto, tú y yo no estamos tratando con condiciones, sino con una ley mental y espiritual.* Usamos el poder del pensamiento, el poder de la mente, y cuanto más espiritual sea el pensamiento, mayor será la manifestación. Cuanto más confiemos en lo que llamamos Dios, mayor será el poder.

Ésta es la nueva educación, porque rechaza todo lo falso de la antigua creencia y pone de manifiesto al individuo. Estamos en la nueva era porque, tan cierto como que Dios existe, esta era marcará el inicio para expresar la vida perfecta, la revelación de esta verdad y nuestra habilidad para usarla. Y será tu culpa si sabes esto y no lo pruebas.

Si, al reconocer el poder infinito que fluye a través de ti, permaneces sintiéndote enfermo e infeliz, desgraciado y pobre, amigo mío, es tu culpa. No culpes a Dios, no culpes al hombre y no digas que es cosa del diablo. *Sólo es culpa tuya.* Cada vez que dices: «*Yo Soy*», reconoces que en tu interior está la eterna e infinita presencia de un poder omnipotente que es Dios, que actúa a través de tu pensamiento. Por esa razón, atraes hacia ti aquello que temes, y atraes hacia ti aquello que deseas.

El día en que el cincuenta y uno por ciento de su pensamiento sea de salud, vida y poder, ese cincuenta y uno por ciento hará desaparecer, borrará y matará al resto. El día que tú, como individuo, a través del cincuenta y uno por ciento de tu pensamiento, superes la percepción de la limitación, podrás extraer del universo todo lo que desees; la pobreza te abandonará y serás libre para siempre. El día en que pienses un cincuenta y uno por ciento en la felicidad, el infortunio desaparecerá, para no regresar jamás. ¿No vale la pena entonces el tiempo y el esfuerzo? ¿El mayor propósito del alma que ha tomado conciencia no debería ser encarnar este principio, para liberarse a sí misma?

Puede mostrarse el camino, pero cada individuo deberá recorrerlo. Estamos tan sujetos a sugerencias y tan hipnotizados con creencias falsas, tan inmersos en el pensamiento caótico del mundo que está basado en el principio de la mente dual que nos confundimos y dejamos de ser nosotros mismos. ¡Despierta! Tu palabra es todopoderosa y tu conciencia es una con la Omnipotencia. Tu pensamiento es infinito. Tu destino es eterno y tu hogar es el imperecedero cielo. Comprende la verdad: vivo en un universo perfecto que siempre ha sido perfecto y siempre lo será. Nunca se ha cometido un error, no se cometen errores, y nunca se cometerán. Vivo en el eterno y gran universo de la perfección, desde la causa hasta el efecto, desde el principio hasta el final. «El mundo está bien, y yo lo sé.»

El Gran Principio de la Vida, majestuoso y sereno, espera con eterna y divina paciencia para darnos todo lo que tiene. Y, mientras escuchamos y esperamos, nos liberaremos de todo lo que pueda obstaculizar su completa expresión a través de nosotros; abandonaremos la lucha y las peleas, y estaremos en paz con la Vida.

Paz perfecta para el alma, mientras descansamos en la realización de nuestra unidad con todo lo que existe, ha existido y existirá. Uno con la Mente Infinita. Todo el poder del Espíritu funciona a través de nuestro pensamiento, mientras creemos y recibimos. Ahora, pediremos y tomaremos aquello que deseamos; ya está hecho, está completo, ahora y para siempre. Una vida perfecta, una curación perfecta, una perfecta armonía; Guía Divina, fuerza Infinita y felicidad por siempre.

Preguntas y respuestas

¿Qué es la Verdad?

La Verdad es lo que es. Es todo lo que existe. Como no puede existir algo y nada, la Verdad, siendo lo que es, al mismo tiempo, debe ser todo lo que existe.

¿Dónde se encuentra la Verdad?

Si la Verdad lo es todo, debe estar en todas partes; al serlo todo, no existe otra sustancia con la que se pueda dividir; como es indivisible, se encuentra presente en todas partes. Toda la Verdad, que significa poder, debe estar presente en todos los espacios o en un punto determinado en un instante en particular y en todo momento.

¿Ha cambiado la Verdad?

Una sustancia no puede cambiar, a no ser que exista algo en lo que pueda transformarse. Como la Verdad lo es todo, no puede cambiar, pues no existe otra cosa en la que pueda transformarse; lo que es Verdad nunca ha cambiado.

¿La verdad, o aquello que es, es una o muchas?
Debe ser una, ya que lo es todo.

¿Es consciente la Verdad?
Sí, el hombre es consciente. No podría serlo, a no ser que la Verdad o la Vida fueran conscientes. La conciencia que tiene el hombre de su propia identidad prueba la autoconciencia de la Vida, de la Verdad o del Espíritu. Lo similar produce cosas similares.

¿Qué se deriva de la Vida?
Todo lo que existe se deriva de la Vida. Si la Vida lo es todo, entonces eterniza a ese todo que representa alguna forma de vida.

¿Cómo crea las cosas la Vida?
Como lo es todo, debe crear a partir de sí misma. Debe operar sobre y a través de sí misma, y sacar de sí todo lo creado. Al ser consciente, debe saber que lo hace.

¿Cómo deberíamos llamar a este movimiento interno de la Vida?
El movimiento interno de la Vida o conciencia debería ser denominado pensamiento, autoconocimiento de la Vida o Espíritu.

¿Entonces, el universo y todo lo que forma parte de él provienen del pensamiento?

Sí, todo proviene del pensamiento.

¿Es cierto que percibimos un mundo visible que parece cambiar? Si es así, ¿cómo puede provenir de algo que nunca cambia?

Sí, percibimos un mundo cambiante pero, detrás de él, se encuentra una sustancia inmutable. Lo que cambia es el pensamiento o la forma; la sustancia de la que proviene esta forma nunca cambia. Es una sola e indivisa, y toma forma en todas las cosas a través del pensamiento. Cuando unificamos todas las cosas en un solo origen, probamos este concepto. Todas las así llamadas cosas materiales pueden reducirse a sustancia sin forma, que es en la única actividad en la que debe pensarse o el movimiento de la inteligencia sobre sí misma.

¿Qué hace que la forma cambie?

La inteligencia, que se encuentra detrás de la forma.

¿Entonces, no hay nada en el universo más que Vida, pensamiento y forma?

Eso es todo.

Si esto es verdad, ¿qué es la ley física?

La ley física es sólo el resultado del movimiento interno de la Vida.

Si las cosas y las leyes son el resultado del movimiento interno de la Vida, ¿quiere decir que los pensamientos son cosas?

Sí, todas las cosas son simplemente formas de pensamiento.

¿Cuánto tiempo dura el pensamiento como forma?

Todo el tiempo que el pensamiento se mantenga en la Vida o en la Mente.

¿Cambia alguna vez el pensamiento de la Vida, de la Mente o del Bien?

Por lo que conocemos, el pensamiento de Dios parece cambiar. Es decir, los planetas se modifican, toman forma y, una vez más, la pierden. Cuando comprendemos que esto puede suceder sin que cambie la sustancia que se encuentra detrás, no vemos razón alguna por la que Dios no pueda cambiar, creando siempre una forma más elevada. Ésta es una de las enseñanzas de la Antigua Sabiduría, la cual afirma que, aunque la realidad nunca varía, la forma que toma siempre está cambiando.

¿Cuál es el lugar del hombre en el orden creativo?

El hombre es un centro pensante en la Mente, que reproduce en menor escala todo lo que existe en el universo.

¿Esto hace que el pensamiento del hombre sea creativo?

Es creativo en cierto sentido. Lo que llamamos creación no es formar algo de la nada, sino pensamiento que toma forma. Y, como el hombre piensa y el pensamiento debe tomar forma, entonces el pensamiento del hombre debe tomar forma en la mente y así volverse creativo.

¿Qué es el pensamiento del hombre?

Es la actividad de ese algo interior que puede decir: «Yo Soy».

¿Cuál es la diferencia entre Dios y el hombre?

El hecho mismo de que el hombre pueda decir: «Yo Soy» prueba que él es. Ya que él es, debe ser creado a partir de la vida y debe ser parte de todo lo que existe. Siendo así, el hombre es parte de la conciencia de Dios. La única diferencia podría ser de grado. El hombre es parte de la Vida en la medida que lo reconozca.

¿Todo el pensamiento del hombre es creativo?

Sí, todo o ninguno. Si un pensamiento crea, todos lo hacen.

Si es verdad, ¿por qué parece ser el hombre tan limitado?

Porque tiene limitación de pensamiento, ya que los pensamientos son cosas y siempre crearán aquello en lo que se piensa. En realidad, el solo hecho de que el pensamiento del hombre pueda limitarlo también prueba que puede liberarlo de toda limitación, con sólo modificar su pensamiento.

¿Por qué el hombre ha sido creado para pensar de dos maneras?

Ésta es una pregunta que se puede responder de una manera. Si el hombre no pudiera pensar como desea hacerlo, sólo sería una pieza de un mecanismo, y no sería un hombre en absoluto. El hombre es un individuo y eso significa que puede elegir, respaldado por un poder que crea lo que ha elegido. Al descubrirse a sí mismo, el hombre elige muchas cosas, las usa y las pasa a una elección superior, ascendiendo siempre en la escala del ser. Cuanto más rápido elija, más rápido experimentará aquello que piensa.

¿Qué es el mal?

El mal es el resultado de la falta de una visión clara, basada en la creencia de dos poderes, y la limitación y lo que llamamos pecado es el resultado de la lucha del hombre por encontrarse a sí mismo.

Si es cierto, ¿por qué no empezamos inmediatamente a cambiar toda nuestra vida, modificando primero nuestro pensamiento?

Podemos hacerlo. No cambiaríamos la sustancia real; cambiaríamos la forma que esta sustancia toma a través de nuestro pensamiento. Todo lo que podemos cambiar es la forma del pensamiento por el que las experiencias llegan a nosotros.

¿Cuál es el límite del uso creativo de la Mente en el hombre?

El hombre no tiene limitaciones, excepto la de su habilidad mental para imaginar, que es su propio pensamiento.

¿Qué significa concepción mental?

El pensamiento produce todas las cosas. Lo que se origina a partir de la mente primero se forma en pensamiento; el pensamiento moldea la mente en forma.

Pero, ¿no tenemos que actuar?

No podemos pensar sin actuar; un cuerpo inactivo es el resultado de una mente inactiva.

Al usar nuestros poderes creativos, ¿cómo debemos considerar las condiciones en las que vivimos?

No tenemos que considerarlas en absoluto. Las condiciones son el resultado, el efecto y no la causa; las creamos tan rápido como pensamos.

¿Cómo debería comenzar a cambiar sus condiciones una persona?

Primero debe cambiar el pensamiento y comprender que no estamos manejando una ilusión, sino la gran realidad. Después, debe actuar como si ya tuviera lo que ha pensado.

¿Cuánto tiempo tardaríamos en lograr esto?

El tiempo que nos tome liberarnos de todo el pensamiento negativo e incorporar todo el pensamiento positivo. Esto depende totalmente de cada persona y de su habilidad mental para controlar el pensamiento.

¿Qué nos obstaculiza más?

Nosotros mismos; nadie nos da ni nos quita nada, sólo nosotros mismos.

¿Nadie más puede ayudarnos?

Hasta cierto punto. Aunque algunas veces nos pueden ayudar aquellos que comprenden la ley, tarde o temprano deberemos asumir la responsabilidad de nuestra propia vida. Los demás pueden pensar por nosotros durante unos momentos al día, pero nosotros somos los que pensamos todo el tiempo.

¿Dios nos ayuda?

Sí, Dios nos ayuda, pero debe hacerlo a través de la ley. «Todo es amor, pero todo es ley.»

¿Cómo deberíamos rezar?

Dando gracias por tener ya aquello que pedimos; creerlo por completo y nunca ponerlo en duda. «Cuando reces, debes creer que ya has recibido, y recibirás.» Es primordial dejar de pensar, actuar, hablar o leer acerca de las limitaciones. Todos debemos ser una ley dentro de nosotros mismos.

Definiciones

Absoluto: Completo autoconocimiento.

Alma: Vida creativa interior, lo femenino, receptivo, creativo.

Atracción: Poder atrayente del pensamiento.

Causalidad: Dios, Espíritu, Vida, lo que es.

Cielo: Atmósfera del pensamiento correcto.

Conciencia: Entendimiento de que existimos.

Creación: Pensamiento que se convierte en forma. La Inmaculada Concepción.

Demostración: Resultado del pensamiento correcto.

Descubrimiento: Nacimiento de las ideas surgiendo de la Mente.

Dios: Espíritu Infinito, Mente que se conoce a sí misma, Vida, Verdad, Inteligencia, Amor, Toda Causa y Todo Efecto. Ese poder invisible que hace que todo provenga de Él, por medio de la acción interna de Su propio pensamiento sobre Sí Mismo.

Efecto: Resultado del movimiento interior.

Enfermedad: Imagen del pensamiento que se retiene en la mente y que aparece en el cuerpo.

Equilibrio: Una calma interior que nunca tiene miedo.

Fe: Actividad mental positiva.

Hombre: Un centro de pensamiento en la mente.

Ilusión: Creencia en dos poderes.

Infierno: Atmósfera del pensamiento falso.

Inteligencia: Eso que sabe que es.

Karma: Ley de causa y efecto. Resultado de pensamientos y acciones pasadas, que encierran al ignorante y liberan al sabio.

La Palabra: Actividad del pensamiento.

Ley: Mente en acción; la ley no es la causa, es el efecto. Es la inteligencia en funcionamiento. Toda ley es universal.

Miedo: Actividad mental negativa.

Movimiento: Actividad interna de la vida que produce una manifestación.

Multiplicidad: Manifestación de una infinita variedad de formas, colores y movimiento, a partir del Uno.

Objetivo: Vida en su forma exterior.

Paz: La Mente que descansa en la comprensión de que lo es todo.

Pecado: Falta de comprensión.

Pensamiento: Actividad de la Mente.

Pobreza: Pensamiento limitado.

Poder: Resultado de la unión de la paz y el equilibrio.

Realización: Proceso interno de pensamiento que nos hace conscientes de nuestra unidad con la vida.

Rectitud: Comprensión espiritual.

Riqueza: Realización de nuestra unidad con la vida, la cual es ilimitada.

Salud: Realización de una vida perfecta.

Sentido: No es una ilusión, sino las facultades que nos ponen en contacto con la vida en su expresión.

Subjetivo: Vida en su forma o pensamiento interior.

Tratamiento: Actividad mental y espiritual del pensamiento para un fin determinado.

Unidad: Una Mente que fluye a través de todo y en todo.

Universo Visible: Las ideas de Dios en expresión, el cuerpo de Dios, expresión de la Mente Divina. Toda vida visible es una expresión de un concepto interno.

Verdad: Lo que es.

Vibración: No es inteligencia, sino el resultado de la inteligencia; sigue a la causa.

Vida: Toma de conciencia del poder y la actividad.

Índice